| 经典分层阅读 |

北游漫笔

本书编写组 —— 编

初三

上海科学技术文献出版社
Shanghai Scientific and Technological Literature Press

图书在版编目（CIP）数据

北游漫笔 / 本书编写组编 . —上海：上海科学技术文献出版社 , 2022
　　ISBN 978-7-5439-8560-5

Ⅰ. ①北… Ⅱ. ①本… Ⅲ. ①阅读课—初中—教学参考资料 Ⅳ. ① G634.333

中国版本图书馆 CIP 数据核字 (2022) 第 041792 号

选题策划：张　树
责任编辑：苏密娅
封面设计：合育文化

北游漫笔
BEIYOU MANBI
本书编写组　编
出版发行：上海科学技术文献出版社
地　　址：上海市长乐路 746 号
邮政编码：200040
经　　销：全国新华书店
印　　刷：商务印书馆上海印刷有限公司
开　　本：650mm×900mm　1/16
印　　张：17.5
字　　数：196 000
版　　次：2022 年 7 月第 1 版　2022 年 7 月第 1 次印刷
书　　号：ISBN 978-7-5439-8560-5
定　　价：58.00 元
http://www.sstlp.com

总序

真正的阅读，快乐的阅读

在基础教育阶段，即中小学教育阶段，语文学科不同于其他学科，有着特别重要的意义。

人类文明的积累和发展，建立在文字的基础之上。离开了文字，文化就无法积累，无法传承，一切现代文明都将不复存在。承担母语教育任务的语文教育，自然是一切教育的基础。

中小学语文，应该包括两项基本内容。一是掌握语言文字的表达能力，能熟练运用文字这个最重要的工具；二是培养对文学的喜爱，提高文学的鉴赏能力。这两项内容又是互相交叉、互相渗透的。因为最生动的语言一般都在经典的文学作品中，这也是语文课本大量选择文学作品的理由。

要学好语文，最要紧的，是要喜欢语文。只有喜欢语文，喜欢美文，喜欢文学，才能领略到文字的魅力，也才有可能自己写出准确生动的文字来。

遗憾的是，由于语文考试命题的日益"科学化"和"精细化"，以考试为指挥棒的语文教育，已经异化为对文章进行肢解式的分析，对所谓"考点"的猜测分析和应对（做大量的模拟考试题）。这样的阅读，离开了文章的内在逻辑，离开了文学阅读的本原含义，完全谈不上欣赏、体验文章的美感，而是从根本上摧毁了学生对文学的兴趣，对语文学习的兴趣。许多学生厌恶语文，讨厌阅读，这是语文教育异化的必然结果；也是语文教育可悲的失败。

任何学习，都必须建立在兴趣的基础之上。没有兴趣，是绝对不会有好的学习效果的。编辑这套书，最重要的目的，就是想在现有的语文教材之外，编选一些好文章，让学生在离开考试桎梏的心情下读一读，来领略文字的神奇魅力，来恢复对语文的兴趣。

读这些文章不需要做什么分析，不用去考虑什么主题、结构，你只要去欣赏，只要去感受语言的美、意境的美、情感的美、细节的美、思想的美、逻辑的美……如果你能够从内心深处感悟到，文章居然可以写得这么好啊，写文章是这么有意思啊！那么，我们的目的就达到了。

但是，世界上的好文章实在太多了；对好文章的理解也是见仁见智，没有完全一致的标准。由于编选者阅读范围以及鉴赏水平的限制，尽管在这套读本的编选过程中征求了不少作家和教育专家的意见，一定还是难免有很多遗珠之憾；也可能有些文章选得不很得当。我想，如果能让学生提高了阅读的兴趣，那么，更多的好文章，以及无法选入这个读本的长篇作品，学生们自己会去寻找，会去发现。阅读是一辈子的事情，重要的是要有真正的阅读，离开了考试阴影的快乐的阅读。让我们从这套书开始吧！

本书编写组
2022 年 4 月

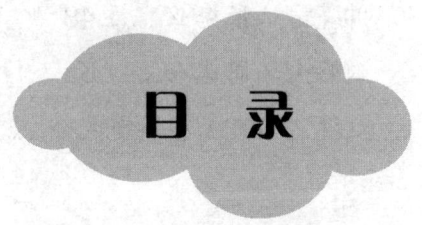

目 录

我爱这土地 / 艾 青………… 1

门槛 / [俄] 屠格涅夫………… 3
今日青年之弱点 / 章太炎………… 5
对年轻人的忠告 / [美] 马克·吐温………… 8
青年烦闷的解救法 / 宗白华………… 12

高处何处有——赠给毕业同学 / 张晓风………… 16
生日礼物——为蔚儿十六岁生日而写 / 林文月………… 18
秋天的怀念 / 史铁生………… 24

当我跑步时我谈些什么（节选）/ [日] 村上春树………… 26
第一篇论文 / 苏步青………… 31

经典分层 阅读

天才梦 / 张爱玲……… 35

弯人自述 / 陈　村……… 38

种花记 / 张秀亚……… 48

螟蛉虫 / 周建人……… 52

女性 / ［日］芥川龙之介……… 57

草之情（节选）/ ［日］薄田泣堇……… 60

五月的北平 / 张恨水……… 63

蓝布褂儿 / 林海音……… 68

放风筝 / 梁实秋……… 71

北游漫笔 / 叶灵凤……… 76

听泉 / ［日］东山魁夷……… 83

密西西比河风光 / ［法］夏多布里昂……… 86

大海与海风 / ［美］E. B. 怀特……… 88

且说黄山 / 吴冠中……… 93

钓胜于鱼 / 陈之藩……… 97

棋牌乐与胜负心 / 范小青……… 101

中国式悠闲 / 罗　兰……… 106

贝多芬百年祭 / ［英］乔治·萧伯纳……… 112

《宽容》序言 / ［美］亨德里克·房龙……… 118

《草叶集》初版序言 / [美] 沃尔特·惠特曼.......... 124

海关——《红字》前言 / [美] 霍 桑.......... 131

我的一天——为《世界上的一天》文集写的短文 / [苏联]
  尼古拉·阿列克赛维奇·奥斯特洛夫斯基.......... 141

张謇：能受天磨真英雄 / 来新夏.......... 146

娜拉走后怎样——在北京女子高等师范学校文艺会
  讲演 / 鲁 迅.......... 152

如何才能得到痛快的合理的生活 / 梁漱溟.......... 159

论读书——十二月八日复旦大学演讲稿又同十三日大夏
  大学演讲 / 林语堂.......... 162

读书 / 胡 适.......... 171

读韩愈 / 梁 衡.......... 180

闪电 / [俄] 康·帕乌斯托夫斯基.......... 187

知人术 / 曾敏之.......... 194

人缘 / 王鼎钧.......... 198

论老之将至 / [英] 伯特兰·亚瑟·罗素.......... 200

一滴水可以活多久 / 迟子建.......... 204

音乐与人生 / 丰子恺.......... 207

莫扎特音乐可以养生 / 李欧梵.......... 210

茶在英国 / 萧　乾.......... 216

《红楼》饮馔谈 / 周汝昌.......... 222

湘西苗族的艺术 / 沈从文.......... 229

宋朝人的吃喝 / 汪曾祺.......... 235

我国时令节日习俗谈 / 郑逸梅.......... 238

北京的春节 / 老　舍.......... 246

清明零拾 / 唐鲁孙.......... 251

浮士德（节选）/ ［德］歌　德.......... 255

安娜·卡列尼娜（节选）/ ［俄］列夫·托尔斯泰.......... 261

书吴道子画后 / 宋·苏　轼.......... 267

竹 / 清·郑　燮.......... 268

山林地 / 明·计　成.......... 269

三国论 / 宋·苏　辙.......... 270

我爱这土地

艾 青

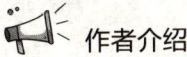
作者介绍

艾青,原名蒋正涵,号海澄,中国现代诗人。代表作有《大堰河——我的保姆》《艾青诗选》等。

假如我是一只鸟,
我也应该用嘶哑的喉咙歌唱:
这被暴风雨所打击着的土地,
这永远汹涌着我们的悲愤的河流,
这无止息地吹刮着的激怒的风,
和那来自林间的无比温柔的黎明……
——然后我死了,
连羽毛也腐烂在土地里面。

为什么我的眼里常含泪水?

因为我对这土地爱得深沉……

1938年11月17日

（选自《艾青诗选》）

门 槛

[俄] 屠格涅夫 著 智 量 译

作者介绍

伊凡·谢尔盖耶维奇·屠格涅夫,俄国现实主义小说家。代表作有《罗亭》《贵族之家》《前夜》《父与子》等。

梦

我看见一幢巨大的楼房。

正面墙上是一道敞开的狭门,门里——阴森黑暗。高高的门槛前站立着一个姑娘——一个俄罗斯姑娘。

那望不透的黑暗散发着寒气;随着冰冷的气流,从大楼深处传出一个缓慢、重浊的声音。

"噢,是你呀,你想跨过这道门槛,你可知道,是什么在等着你?"

"知道。"姑娘回答。

"寒冷、饥饿、憎恨、嘲笑、轻蔑、委屈、监牢、疾病,还有死亡本身?"

"知道。"

"完全的隔绝,孤独?"

"知道……我准备好了。我能忍受一切痛苦、一切打击。"

"不仅敌人的打击——而且是亲人的,朋友的打击?"

"对……即使是他们的打击。"

"好。你准备去牺牲?"

"对。"

"去做无名的牺牲?你会死掉——而没有人……甚至没有人知道,他满怀尊敬纪念着的人是谁!……"

"我既不需要感激,也不需要怜惜。我不需要名声。"

"你准备去犯罪?"

"也准备去犯罪。"

姑娘埋下了她的头……

那声音没有马上重新提出问题。

"你知道吗,"它终于又说话了,"你可能放弃你现在的信仰,你可能认为你是受了骗,是白白地浪费了你的青春?"

"这一层我也知道。我只求你放我进去。"

"进来吧。"

女郎跨进了门槛。一幅厚帘子立刻放下来。

"傻瓜!"有人在后面嘲骂。

"一个圣人!"不知道从什么地方传来了这一声回答。

(选自《屠格涅夫散文诗集》)

今日青年之弱点

章太炎

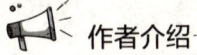 作者介绍

　　章太炎。清末民初民主革命家、思想家、中国近代著名朴学大师。

　　代表作有《章氏丛书》《章太炎年谱长编》《章太炎医论》等。本文为章太炎1919年在少年中国学会的演讲。

　　现在青年第一个弱点,就是把事情太看容易,其结果不是侥幸,便是退却;因为大凡做一件事情,在起初的时候,很不容易区别谁为杰出之士,必须历练许多困难,经过相当时间,然后才显得出谁为人才。其所造就,方才可靠。近来一般人士,皆把事情看得容易,亦有时机凑巧,居然侥幸成功。他们成功既是侥幸得来,因之他们凡事皆想侥幸成功。但是天下事那有许多侥幸呢?于是乎一遇困难,即刻退却。所以近来人物一时侥幸成功,则誉满天下;一时遇着困难,废然而返,则毁谤丛集。譬如辛亥

革命，侥幸成功，为时太速。所以当时革命诸人，多半未经历练，真才不易显出。诸君须知凡侥幸成功之事，便显不出谁是勇敢，谁是退却，因之杂乱无章，遂无首领之可言。假使当时革命能延长时间三年，清廷奋力抵抗，革命诸人由那艰难困苦中历练出来，既无昔日之侥幸成功，何至于有今日之纷纷退却？又如孙中山之为人，私德尚好，就是把事情太看容易，实是他的最大弱点。现在青年若能将这个弱点痛改，遇事宜慎重，决机宜敏速，抱志既极坚确，观察又极明了，则无所谓侥幸退却，只有百折千回，以达吾人最终之目的而已。

现在青年第二个弱点，就是妄想凭借已成势力。本来自己是有才能的，因为要想凭借已成势力，就将自己原有之材能，皆一并牺牲，不能发展。譬如辛亥革命，大家皆利用袁世凯推翻清廷，后来大家都上了袁世凯的当。历次革命之利用陆荣廷、岑春煊，皆未得良好结果。若使革命诸人听由自己的力量，一步一步地做去，旗帜鲜明，宗旨确定，未有不成功的。你们的少年中国学会，主张不利用已成势力，我是很赞成的。不过已成势力，无论大小，皆不宜利用。抱定宗旨，向前做去，自然志同道合的青年，一天多似一天，那力量就不小了。惟最要紧的须要耐得过这寂寞的日子，不要动那凭借势力的念头。

现在青年第三个弱点，就是虚慕文明。虚慕那物质上的文明，其弊是显而易见的；就是虚慕那人道主义，也是有害的。原来人类性质，凡是能坚忍的人，都是含有几分残忍性。不过他时常勉强抑制，不易显露出来，有时抑制不住，那残忍性质便和盘托出。譬如曾文正破九江的时候，杀了许多人，所杀者未必皆是洪、杨党人，那就是他的残忍性抑制不住的表示，也就是他除恶务尽的办法。这回欧洲大战,死了多少人,用了若干钱,直到德、奥屈服,然后停战。我们试想欧战四年中,死亡非不多,损失非不大,协约各国为甚么不讲和呢？这就是欧美人做事彻底的表现,也就是除恶务尽的办法。现在中国是煦煦为仁的时代,既无所谓坚忍,亦无所谓残忍,当道对于凶横蛮悍之督军、卖国殃民之官吏,无不包容之、奖励之,决不妄杀一个,是即所谓人道主义。今后之青年做事,皆宜彻底,不必虚慕那人道主义。

现在青年第四个弱点,就是好高骛远。在求学时代,都以将来之大政治家自命,并不踏踏实实去求学问。在少年时代,偶然说几句大话,将来偶然成功,那些执笔先生,就称他为少年有大志。譬如郑成功做了一篇《小子当洒扫应对进退》的八股,中有"汤、武征诛,亦洒扫也；尧、舜揖让,亦进退也。小子当之,有何不可"数语,不过偶然说几句大话而已,后人遂称他为少年有大志。故现在青年之好高骛远,在青年自身,当然亟应痛改。即前辈中之好以"少年有大志"奖励青年者,亦当负咎。我想欧美各国青年,在求学时代,必不如中国青年之好高骛远。大家如能踏踏实实去求学问,始足与各国青年相竞争于二十世纪时代也。

（选自1919年3月1日《少年中国学会会务报告》第1期）

对年轻人的忠告

[美]马克·吐温 著 王公一 译

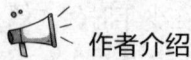作者介绍

马克·吐温,美国幽默大师、小说家、作家。

代表作有《百万英镑》《哈克贝利·费恩历险记》《汤姆·索亚历险记》等。

有人对我说希望我在这里讲话,我就问该说些什么。他们说应该是适宜于青年的东西——教诲性的、指导性的或类似忠告的东西。很好。我心里早就有一些关于指导年轻人的话想说:因为正是在尚未成熟的年轻时代,这些东西才能最深地扎根,最长久地持续下去,才能产生最大的效益。那么,首先,青年朋友们,我要对你们说——而且是以恳求的、强调的口吻说——

当你们的父母在场时,永远应该服从他们。从长远看,这是最好的办法。因为你们如果不服从,他们也会使你们服从的。多数父母认为他们比你们懂得多。迁就那种迷信,一般能使你们比按照自己较好的判断去行事得到更多的东西。

要敬重上级——如果你有上级的话。对陌生人，有时对其他人也要尊重。如果有人冒犯了你，你又弄不清那是不是故意的，就不要采取极端行动，干脆等待时机拿砖头砸他，那就够了。如果你发现他并非有意冒犯你，就该坦率地承认打他是错误的；像男子汉一样地认错，并说明你不是有意的。对，永远应该避免暴力行为；那类行为在这个人们互相宽容、友好相处的时代里已经不适合了。把具有潜在危险的事留给那些卑劣的，无教养的人吧。

要早睡早起——这是明智的做法。某些权威人士说要随着日出起床，另有人说要随着某个事物起床，还有人说要随着另一个什么事物起床。但真正最好的是随着云雀起床。如果大家知道你是随着云雀起床的，那会使你享有一种了不起的名声；如果你有一只良种的云雀，而且下功夫照看它，你就能轻而易举地把它训练成在 9 点半起床，每次都在 9 点半——这绝不是骗人。

现在谈谈说谎的问题。你需要十分小心地对待说谎，否则，几乎可以肯定你会被人抓住。一旦被人抓住，在善良真诚的人看来，你就永远也不再是从前的你了。许多年轻人通过一个笨拙的——粗制滥造的谎言使自己受到了永久的伤害，这是不完善的教育所造成的轻率行为。有些权威人士主张年轻人根本不应说谎。当然，这话说得有点不必要地过头；然而，尽管我不会走得那么远，我却主张——而且我认为我是对的——年轻人必须克制自己，不去使用这项异乎寻常的技艺。然后，实践和经验才能使他们逐渐做到信心十足、举止文雅、作风严谨，有了这些就能做出优秀而有益的成绩。坚忍、勤奋、十分认真地对待工作——这些都是条件；这些条件最终会使一个学生臻于完美；依靠这些，也只有依靠这些，才能为他在日后出类拔萃奠定可靠的基础。想一想那位无与伦比的资深大师，用了多少年单调乏味的研究、思索、实践和经验，才能把这样一条崇高、堂皇的格言强加于世界："真理是强大的，必将获胜。"——这是任何一个由女人生养的人所未曾做到过的对事实的最辉煌、最复杂的歪曲。因为我们人类的历史和每一个人的经验都以充分的证据表明：真理不难扼杀，而说得巧妙的谎言则可以永存。在波士顿有一座纪念碑，是为那个发明了麻醉法的人建立的；后来许多人知道那人根本没有发明麻醉法，而是从别人那里偷来的。这个事实真相是强大的、必将获胜的？哦，不，听众们，纪念碑是用坚硬材料制成的，但它所说的谎言将比它多活 100 万年。一个笨拙的、脆弱的、有漏洞的谎言是你们始终应该努力研究并加以避免的；上面说到的那个谎言实际上不会比一条普通的真理存在得更久。嗨，你不好说一回老实话，以后就不说了。一个脆弱的、愚蠢的、荒谬的谎言的寿命不会超过两年——除非它是对某人的诽谤。诽谤当然是无法抹掉的，可那不是你的功劳。最后再说一句：及早开始实践这种仁慈的、美丽的技艺吧——现在就开始。如果我早些开始，我可能已学会了如何去做。

切勿随便玩弄武器。年轻人毫无恶意但掉以轻心地玩弄武器带来了多大的悲伤和痛苦！仅仅四天以前，在我度夏的那座房子隔壁的农舍里，一位温和慈祥、白发苍苍的老祖母，这片土地上最可爱的人物之一，正坐着干活，她那年轻的孙子悄悄走进来，拿着一支多年没人碰过、大概也没装子弹的、陈旧的、损坏的、生锈的枪指着她，笑着恐吓她说要开枪。她吓得尖叫起来，逃向房间另一边的门，在她走过他身边时，他把枪顶着她胸口，扣动了扳机！他认为枪里没有子弹。他是对的——枪里没装子弹。所以没有造成伤害；在我所听说过的那类事中，这是唯一未伤人的一件。因而，我还要说，你们不可擅自摸弄陈旧的、没装子弹的武器；武器是人类创造的最有害而且准确无误的东西。你们何必用它来自寻烦恼；你们不需依靠枪支，不必看它，甚至不必想到要用它。不，决不可随便抓住一个亲属开枪，那样你肯定会打中他的。一个用加特林机枪在四十五分钟里还打不中三十码以外的一座教堂的青年，却完全可能在100码之外用一支陈旧的、没装子弹的毛瑟枪毁掉他的祖母。想一想这会是怎样一种有如滑铁卢战役那样的惨剧：如果一支军队是以假定没装子弹的旧毛瑟枪武装起来的男孩子，而另一支军队是由他们的女性亲属组成的。这个设想本身就令人不寒而栗。

　　世上有各种各样的书籍；但是只有好书才适合年轻人阅读。记住这一点。好书是一种重要的、不可估量的、无法形容的提高自己的工具。所以，年轻的朋友们，要十分谨慎地进行选择，要非常仔细；最好只读罗伯逊的《布道书》，巴克斯特的《圣徒永存》和《广泛存在的无辜者》以及诸如此类的书。

　　不过，我说得够多的了。我希望你们重视我给你们做的这些指导，使之成为你们行动的指南、思想认识上的一个启发。你们要经过缜密思考后培养自己的品格，在这些规诫的基础上培养勤恳刻苦的习惯。久而久之，当你养成这种品格后，你会惊讶而高兴地看到它与所有其他人的品格是何等美妙而准确地相似。

（选自《马克·吐温思想小品》）

青年烦闷的解救法

宗白华

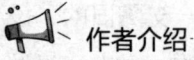作者介绍

宗白华,现代哲学家、美学家、诗人。代表作有《美学散步》《艺境》等。

△ 唯美的眼光
△ 研究的态度
△ 积极的工作

现在中国有许多的青年,实处于一种很可注意的状态,就是对于旧学术、旧思想、旧信条都已失了信仰,而新学术、新思想、新信条还没有获着,心界中突然产生了一种空虚,思想情绪没有着落,行为举措没有标准,搔首踯躅,不知怎么才好,这就是普通所谓"青年的烦闷"。

这种青年烦闷的状态,以及由此状态产生的现象,如一方

面对于一切怀疑,力求破坏。他方面,又对于一切武断,急求建设。思想没有定着,感情易于摇动,以及自杀逃走等等的事实,这本是向来"黎明运动"所常附带的现象,将来自然会趋于稳健创造的一途,为中国文化开一新纪元,就着过去历史上看来,本是很可喜的现象。但是,我们自己既遇着这种时期,陷入这种状态,就不得不自谋解救的方法,以求早入稳健创造的境地。

这解救的方法,本也不少。譬如建立新人生观、新信条等类。但这都还嫌纡远了一点。须有科学哲学的精神研究,不是一时可以普遍的。我们现在须要筹出几种"具体的方法",将这方法传播给烦闷的青年,待他们自己应用这种方法去解救他们的苦闷。我现在本着我一时的观察,想了几条方法,写出来引动大众的讨论,希望还得着更周密完备的计划,以解决这青年烦闷的问题,则中国解放运动的前途,可以免了许多的危险和牺牲了。

(一)唯美的眼光 唯美的眼光,就是我们把世界上社会上各种现象,无论美的,丑的,可恶的,龌龊的,伟丽的自然生活,以及鄙俗的社会生活,都把它当作一种艺术品看待……艺术品中本有表写丑恶的现象的……因为我们观览一个艺术品的时候,小己的哀乐烦闷都已停止了,心中就得着一种安慰,一种宁静,一种精神界的愉乐。我们若把社会上可恶的事件当作一个艺术品观,我们的厌恶心就淡了,我们对于一种烦闷的事件作艺术的观察,我们的烦闷也就消了。所以,古时悲观的哲学家,就把人世,看作一半是"悲剧",一半是"滑稽剧",这虽是他悲观的人生观,但也正是他的艺术的眼光,为他自己解嘲。但我们却不必做这种消极的、悲观的人生观。我们要持纯粹的唯美主义,在一切丑的现象中看出它的美来,在一切无秩序的现象中看出它的秩序来，以减少我们厌恶烦恼的心思，排遣我们烦闷无聊的生活。

这还是消极的一方面说。积极的方面，也还有许多的好处：

（A）我们常时作艺术的观察，又常同艺术接近，我们就会渐渐地得着一种超小己的艺术人生观。这种艺术人生观就是把"人生生活"当作一种"艺术"看待，使它优美、丰富、有条理、有意义。总之，就是把我们的一生生活，当作一个艺术品似的创造。这种"艺术式的人生"，也同一个艺术品一样，是个很有价值、有意义的人生。有人说，诗人歌德（Goethe）的"人生Life"，比他的诗还有价值，就是因为他的人生同一个高等艺术品一样，是很优美、很丰富、有意义、有价值的。

（B）我们持了唯美主义的人生观，消极方面可以减少小己的烦闷和痛苦，而积极的方面，又可以替社会提倡艺术的教育和艺术的创造。艺术教育，可以高尚社会人民的人格。艺术品是人类高等精神文化的表示，这两种的贡献，也就不算小的了。

总之，唯美主义，或艺术的人生观，可算得青年烦闷解救法之一种。

（二）研究的态度　怎样叫作研究的态度？当我们遇着一个困难或烦闷的事情的时候，我们不要就计较它对于切己的利害，以致引起感情的刺激，神经的昏乱而平心静气，用研究的眼光，分析这事的原委、因果和真相，知这事有它的远因，近因，才会产生这不得不然的结果，我们对于这切己重大的事，就会同科学家对于一个自然对象一样，只有支配处置的手续，没有烦闷喜怒的感情了。

譬如现在的青年，对于社会上窳败的制度，政治上不良的现象，都用这种研究眼光去考察，不作一时的感情冲动，知道现在社会的黑暗罪恶是千百年来积渐而成，我们对它只当细筹改造的方法，不当抱盲目的悲观，或过激的愿望，那时，青年因政治社会而生的烦闷，一定可以减去不少。因这客观研究事实是不含痛苦的，是排遣烦闷的，而同时于事实上有极大的利益。

所以，研究的眼光和客观的观察，也是青年烦闷解救法的一种。

（三）积极的工作　我们人生的生活，本来就是"工作"。无工作的人生，是极无聊赖的人生，是极烦闷的人生。有许多青年的烦闷，就是为着没有正当适宜的工作而产生的。试看那些资本家的子弟，终日游荡，没有一个一定的工作，虽是生活无虑，总是烦闷得很，无聊得很，终日汲汲地寻找消遣排闷的方法。所以，我以为，正当的积极的"工作"，是青年解救烦闷与痛苦的最好方法。青年最危险的时候，就是完全没有工作的时候。这时候，最容易发生幻想，烦闷，悲观，无聊。

至于工作，有精神的肉体的。这两种中任择一种，就可以解除青年的烦闷。但是，做精神工作的，不可不当附带做点肉体的工作，以维持他的健康。

以上是我一时的感想，粗略得很。不过想借此引起诸君对于这黎明运动时代青年最易发生烦闷的问题，稍稍注意，商量个周密的解救办法。

（选自《美学与意境》）

高处何处有

——赠给毕业同学

张晓风

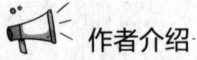作者介绍

张晓风,中国台湾著名散文家。

著有《白手帕》《红手帕》《梅·兰·竹·菊》《潘渡娜》《到山中去》《地毯的那一端》等。

很久很久以前,在一个很远很远的地方,一位老酋长正病危。

他找来村中最优秀的三个年轻人,对他们说:

"这是我要离开你们的时候了,我要你们为我做最后一件事。你们三个都是身强体壮而又智慧过人的好孩子,现在,请你们尽其可能地去攀登那座我们一向奉为神圣的大山。你们要尽其可能爬到最高的、最凌越的地方,然后,折回头来告诉我你们的见闻。"

三天后,第一个年轻人回来了,他笑生双靥,衣履光鲜:

"酋长，我到达山顶了，我看到繁花夹道，流泉淙淙，鸟鸣嘤嘤，那地方真不坏啊！"

老酋长笑笑说：

"孩子，那条路我当年也走过，你说的鸟语花香的地方不是山顶，而是山麓。你回去吧！"

一周以后，第二个年轻人也回来了，他神情疲倦，满脸风霜：

"酋长，我到达山顶了。我看到高大肃穆的松树林，我看到秃鹰盘旋，那是一个好地方。"

"可惜啊！孩子，那不是山顶，那是山腰，不过，也难为你了，你回去吧！"

一个月过去了，大家都开始为第三位年轻人的安危担心，他却一步一蹭，衣不蔽体地回来了。他发枯唇燥，只剩下清炯的眼神：

"酋长，我终于到达山顶。但是，我该怎么说呢？那里只有高风悲旋，蓝天四垂。"

"你难道在那里一无所见吗？难道连蝴蝶也没有一只吗？"

"是的，酋长，高处一无所有。你所能看到的，只有你自己，只有'个人'被放在天地间的渺小感，只有想起千古英雄的悲激心情。"

"孩子，你到的是真的山顶。按照我们的传统，天意要立你做新酋长，祝福你。"

真英雄何所遇？他遇到的是全身的伤痕，是孤单的长途，以及愈来愈真切的渺小感。

（选自《张晓风精选集》）

生日礼物
——为蔚儿十六岁生日而写

林文月

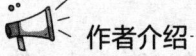
作者介绍

林文月,中国台湾女作家、学者。著有《饮膳杂记》《人物速写》等。

孩子:再过几天就是你十六岁的生日了。每年你的生日,我总不忘送你一张生日贺卡和一些你喜欢的小礼物,使你在预期之中得到一份惊喜,也让我自己满足于见到你惊喜的模样。

可是,今年你的生日,我却觉得很难选择一样最合宜的礼物送你。回想过去十五年来,送给你的礼物有糖果、玩具、文具、运动器具等等。每年的礼物不同,正代表着你生长的过程。四年前,进入初中那一年的生日,你自动要求我不要再送玩具和文具了,因为对于玩具,你已不再好奇,而该有的文具,你已经都有,你要求我订一份《读者文摘》作为生日礼物。这是一个好主意。此后,那一份杂志便每月按时寄到。几年来,它不仅丰富了你课本以外的知识,也引发了你许多生活的情趣。去年,你顺利考入理想的高中。放榜后,你怯怯地问我可不可以增订一份《国家地理杂志》,这也是你阅读《读者文摘》得来的消息。在三年的中学生活里,你认得了一些英文,似乎又同时培养了更多的兴趣。你对于广大的世界有强烈的好奇心,对于花卉禽兽昆虫的世界也有一份关怀。这是很好的倾向,所以虽然那份杂志并不便宜,我还是欣然为你去邮局办妥了订阅的汇款手续。生日那天早晨,你在贺卡里面发现有一张邮局的收款单,那就是去年给你的生日礼物。从此,每隔两三个月,你会收到直接由美国寄来的那本印刷精美的杂志。你说:"我现在的英文程度,虽然还看不懂全书的内容,但总有一天,我会看懂的。"我看见你将书柜清理出一排,小心翼翼地把那些书按期排列好。我相信你的话。

可是今年呢?眼看着生日快到了,我还想不起该送你什么,而你也没有再暗示或要求什么。现在夜深人静,我独坐书房里,却不想继续自己的写作。我想写一封信给你,作为你十六岁的生日礼物。我想你不会认为妈妈可笑或吝啬吧?你是一个心智相当成熟的男孩子,我相信你明白这份"礼物"是我思虑再三后所决定的,虽然只是一些文字而已,却代表着妈妈满心的关怀和爱。

记得几个星期前的一个晚上,我睡不着觉,看到你房间的灯也还亮着,便敲门进去。你胸前抱着吉他,书桌上摊着许多书,蒋梦麟《西潮》压在最上面。可是你没有弹吉他,也没有在看《西潮》打开的那一章:"知识分子的觉醒",你望着天花板在发呆。我说:"睡不着,我们谈谈好吗?"你把床上的琴谱和衣物推向两边，空出一个地方让我坐。就这样子，我穿着睡衣盘腿坐在你床上，你光着膀子坐在椅上，我们母子谈了起来。话题好像是这样开始的："哪儿来的这本《西潮》？""从你书房里最高一层架子上取来的。""读了多少呢？"你举起书给我看。大约看了一半的样子。

沉默一会儿后，你突然问："妈妈，你觉得进入理工的世界再兼修人文，跟从事人文研究再兼修理工，哪一种可能性比较大？"暑假后就要升入高二，我猜你可能正面临抉择，在思考这个问题。身为研读文学的我，只得凭自己的经验据实以告。说来有些遗憾。不过，研究理工而兼及人文的可能性是比较大。因为语文的训练，在高中毕业后，应该已经有一般的基础，余下来思想和感情方面的事情，是可以自修体验得来，而表达的技巧等问题，也可以从多读勤学培养出来，至于实验演算等事情，却需要点滴的学习累积才行。

你又问我："假如我也'拒绝联考'，或考不取理想的大学，你会失望吗？"从小，你都是温顺的孩子，思想的时间多于说话的时间。可是自从去年考上高中后，你的个性有了显著的改变。你变得比较活跃，也比较喜欢发表意见，想必是受到你现在就读的高中校风影响所致吧？这个改变并不坏。说实在的，我并不喜欢"少年老成"这个词儿，我喜欢少年人像个少年人，有梦，有理想，精力旺盛，而又充满好奇，有一些多愁善感，甚至也不妨有一些狂妄或荒唐的想法。所以你这个问题没有吓倒我。我告诉你，读书不是人生唯一的目标，虽然读书的好处很多。我从来没有把你看成是我的私产，或以你的光荣为我的光荣。而所谓"理想的大学"，也很难有一个客观的说法。不过，话虽如此，我也并不喜欢你为拒考而拒考。如果你不想再读书，应该有一个很好的理由，或更好的目标才是。我所期望于你的，毋宁是愿意看到你能借这个事实来证明：你可以认真而尽力地面对一件事，成败是另一回事。因为在人的一生之中，有许多大大小小的考验，是我们无法，或不宜逃避的，是需要我们全力以赴的。在我看来，考大学，和其他许多事情，都只是在考验和证明一个人能不能无所畏惧而负责地面对一件事而已。

许是我这一番诚恳的答复得到你的信服吧，你的话匣子一经打开，竟不可收拾。你滔滔不绝地谈论你的感想。

时间已是午夜以后，家人都沉睡，屋里屋外十分安静。静静听你的话，偶尔参加一些意见。在灯光下，我看到你不脱稚气的脸上长了不少青春痘。孩子，你竟在不知不觉之间，真的成长了好多啊。

后来，我们两个人都渴了，甚至也有些饿了，便下楼去翻找食物。你倒了两杯蜂蜜加冰水，又找到了一些菠萝面包。我们的话题也就无所不包，而且变得更为细腻。我们谈到爱的问题。你问："别人都说爱是给予，不是接受。这话对吗？"不是我要故意唱反调，只是我越来越不同意从前认为理所当然人云亦云的说法。大人也还是在不停成长的。你相信吗？譬如说，对于这个问题，我现在觉得，一个人要能坦然接受别人的关爱，也不是很容易的事情。给予和接受，同样都是需要宽大的胸襟的。"如果你爱我，难道你不希望我平静而坦然地接受你的爱吗？"对于我的反问，你点头表示同意。我为你勾勒出"母亲"的另一幅肖像。不是白发辛劳的母亲，不是倚门望子的母亲，却是与子女说笑满足而快乐的母亲。而这个道理，应该也可以用来解释我们生活周遭的其他人际关系。例如朋友、情侣或夫妻。这个世界，因为你能关爱别人，也能接受别人的关爱而变得更温馨美丽且丰富。不是吗？

我们谈话的兴致仍然浓厚，但夜已深沉，而彼此也都有些疲倦和睡意了，就上楼睡觉。

跟我道过晚安后，你又探头问："这个暑假，我想读《唐诗三百首》好不好？"我打着呵欠说："当然好啊，但是千万别存心读完。""哦？""因为那样子会把兴致变成了负担。"我们如此结束那晚的谈话。

也许你会奇怪，我为什么要追叙那一晚的谈话呢？

因为我珍惜这个记忆。在这个社会里，人们都太忙碌，以至于往往没有时间好好坐下来谈话，即使母子有时也不例外。而且，有时候要一本正经坐下来谈话，也未必会有很好的话题不断地涌现。那一晚，真是很自然，又很奇妙，使我了解你不少，恐怕你也听到了平时我难以对你说的一些话语吧，所以我要把它记下来送给你。

孩子：是怎么样的缘分使我做了你的母亲，使你成为我的儿子啊！其实，过去的日子里，我们并不全都充满爱与欢笑，也曾经有过忧愁与眼泪的时候。可是，我一直试图做一个好母亲，我知道你也一直想做一个好孩子。虽然我们都有过做错事的经验。我坦白承认我也犯过错（如我曾经不给你解释的机会便责备你）。然而，终究我们还算是很不错的母子，不是吗？就像前不久你在一封道歉的信末对我说的："我们仍然是天底下最好的母子。"

是的，虽然我们都不是圣贤，而只是最平凡的人，但我们都希望永远是天底下最好的母子。我要帮助你做一个天底下最好的儿子,但我也需要你的帮助,让我做天底下最好的母亲。在你十六岁的生日,今天,我许下这个诺言。祝你生日快乐。

(选自《读中文系的人》)

秋天的怀念

史铁生

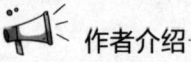 作者介绍

史铁生,作家。

代表作有散文《我与地坛》;长篇小说《务虚笔记》等。

双腿瘫痪后,我的脾气变得暴怒无常。望着望着天上北归的雁阵,我会突然把面前的玻璃砸碎;听着听着李谷一甜美的歌声,我会猛地把手边的东西摔向四周的墙壁。母亲就悄悄地躲出去,在我看不见的地方偷偷地听着我的动静。当一切恢复沉寂,她又悄悄地进来,眼边红红的,看着我。"听说北海的花儿都开了,我推着你去走走。"她总是这么说。母亲喜欢花,可自从我的腿瘫痪后,她侍弄的那些花都死了。"不,我不去!"我狠命地捶打这两条可恨的腿,喊着:"我活着有什么劲!"母亲扑过来抓住我的手,忍住哭声说:"咱娘儿俩在一块儿,好好儿活,好好儿活……"

可我却一直都不知道,她的病已经到了那步田地。后来妹妹

告诉我,她常常肝疼得整宿整宿翻来覆去地睡不了觉。

那天我又独自坐在屋里,看着窗外的树叶"唰唰啦啦"地飘落。母亲进来了,挡在窗前:"北海的菊花开了,我推着你去看看吧。"她憔悴的脸上现出央求般的神色。"什么时候?""你要是愿意,就明天?"她说。我的回答已经让她喜出望外了。"好吧,就明天。"我说。她高兴得一会儿坐下,一会儿站起:"那就赶紧准备准备。""哎呀,烦不烦?几步路,有什么好准备的!"她也笑了,坐在我身边,絮絮叨叨地说着:"看完菊花,咱们就去'仿膳',你小时候最爱吃那儿的豌豆黄儿。还记得那回我带你去北海吗?你偏说那杨树花是毛毛虫,跑着,一脚踩扁一个……"她忽然不说了。对于"跑"和"踩"一类的字眼儿,她比我还敏感。她又悄悄地出去了。

她出去了,就再也没回来。

邻居们把她抬上车时,她还在大口大口地吐着鲜血。我没想到她已经病成那样。看着三轮车远去,也绝没有想到那竟是永远的诀别。

邻居的小伙子背着我去看她的时候,她正艰难地呼吸着,像她那一生艰难的生活。别人告诉我,她昏迷前的最后一句话是:"我那个有病的儿子和我那个还未成年的女儿……"

又是秋天,妹妹推我去北海看了菊花。黄色的花淡雅,白色的花高洁,紫红色的花热烈而深沉,泼泼洒洒,秋风中正开得烂漫。我懂得母亲没有说完的话。妹妹也懂。我俩在一块儿,要好好儿活……

1984 年 11 月

(选自《史铁生散文》)

当我跑步时我谈些什么（节选）

[日]村上春树 著 施小炜 译

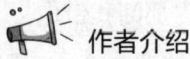

作者介绍

村上春树，日本作家。

代表作有《且听风吟》《挪威的森林》《舞！舞！舞！》《海边的卡夫卡》等。

每每有人问我：跑步时，你思考什么？提这种问题的人，大体都没有长期跑步的经历。遇到这样的提问，我便陷入深深的思考：我在跑步时，究竟思量了些什么？老实说，在跑步时思考过什么，我压根儿想不起来。

在寒冷的日子，我可能思考一下寒冷；在炎热的日子，则思考一下炎热；悲哀的时候，思考一下悲哀；快乐的时候，则思考一下快乐。如同前面写过的，还会毫无由来地浮想往事。有时候，只是偶尔有之，也有关于小说的小小灵感浮上脑际。尽管如此，我几乎从不曾思考正儿八经的事情。

我跑步，只是跑着。原则上是在空白中跑步。也许是为了获得空白而跑步。即便在这样的空白当中，也有片时片刻的思绪潜入。这是理所当然的，人的心灵中不可能存在真正的空白。人类的精神还没有强大到足以坐拥真空的程度，即使有，也不是一以贯之的。话虽如此，潜入奔跑着的我精神内部的这些思绪，或说念头，无非空白的从属物。它们不是内容，只是以空白为基轴，渐起渐涨的思绪。

跑步时浮上脑际的思绪，很像天际的云朵，形状各异，大小不同。它们飘然而来，又飘然而去。然而天空犹自是天空，一成不变。云朵不过是匆匆过客，它穿过天空，来了去了。唯有天空留存下来。所谓天空，是既在又不在的东西，既是实体又不是实体。对于天空这种广漠容器般的存在状态，我们唯有照单收下，全盘接受。

年过半百的我已处于人生的后半期。21世纪之类果真来了，我不折不扣地迎来了50多岁，这种事情在年轻时无从想象。从理论上说，总有一天21世纪会到来，不出意外，届时我将迎来人生的50年代，这不言自明。然而年轻时的我，要在内心描绘出自己50多岁的形象，就好比"具体地想象死后的世界"一样困难。米克·贾格尔年轻时曾经口吐豪言壮语："我如果到了45岁还在唱《满足》，还不如死了的好。"然而，如今他已过60了，还是继续在唱《满足》。有些人为了此事笑话他。可是我笑不出来。年轻时的米克·贾格尔无从想象45岁的自己。年轻时的我也无法想象这样的事情。我能够笑话米克·贾格尔么？不能。我碰巧不是著名的年轻摇滚乐手，当时说过何等的蠢话，都没有人记住，也不会被别人引用。难道不是仅此而已？

现在，我于是置身于那个"无从想象"的世界。如此一想，便觉得有点好笑。置身于此的我究竟是幸福还是不幸？连我自己都揣摩不透。不过，这似乎无须虚张声势地视为重大问题。对于我来说——对其他人恐怕也一样——这是首次体验到年龄的增长。在此体味的情感，也是首次体味到。倘若从前历练过，哪怕仅仅一次，也多少能明了地体察各种各样的事情。而首次经历，就不那么简单了。我唯有将细微的判断暂且留待后日，先将眼前的东西照单全收，姑且与它一同生存下去，就好比对待天空、云朵和河流的态度。我还觉得，这些东西中无疑存有某种滑稽可笑之物，而根据心境的变化，它们未必一文不值。

前面说过，无论在日常生活中还是工作领域里，和别人交手竞争一决雌雄，不是我追求的活法。听上去好像在大谈特谈无聊的大话，不过，正是因为有了各种各样的人，这世间方是世间。别人自有价值观和与之相配的活法，我也有自己的价值观和与之相配的活法。这样的差异产生了细微的分歧，数个分歧组合起来，就可能发展成大的误会，让人受到无缘无故的非难。遭到误解、受到非难，绝非令人愉快的事件，还可能使心灵受到深刻的创伤。这也是痛苦的体验。

然而随着年龄的增长，我们逐渐认识到，这样的苦痛和创伤对于人生而言，其实很是必要。想起来，正是跟别人多少有所不同，人才得以确立自我，一直作为独立的存在。就我而言，便是能够坚持写小说。能在同一道风景中看到不同于他人的景致、感到不同于他人的东西、选择不同于他人的语句，才能不断写出属于自己的故事来。甚至产生了一种罕见的状况：为数绝不算少的人把它拿在手中阅读。我就是我，不是别人，这于我乃是一份重要的资产。心灵所受的伤,便是人为这种自立性而不得不支付给世界的代价。

我基本是如此思考,并依循着这样的思考度过人生。就结果而言,在某种程度上,我也许是主动地追求孤绝。对于操我这种职业的人来说,尽管有着程度上的差异,这却是无法绕道回避的必经之路。这种孤绝之感,会像不时从瓶中溢出的酸一般,在不知不觉中腐蚀人的心灵,将之溶化。这是一把锋利的双刃剑,回护人的心灵,也细微却不间歇地损伤心灵的内壁。这种危险,我们大概有所体味,心知肚明。唯其如此,我才必须不间断地、物理性地运动身体,有时甚至穷尽体力,来排除身体内部负荷的孤绝感。说是着意如此,毋宁说凭着直觉行事。

让我说得更具体一点。

当受到某人无缘无故(至少我看来是如此)的非难时,抑或觉得能得到某人的接受却未必如此时,我总是比平日跑得更远一些。跑长于平日的距离,让肉体更多地消耗一些,好重新认识自己乃是能力有限的软弱人类——从最深处,物理性地认识。并且,跑的距离长于平日,便是强化了自己的肉体,哪怕是一点点。发怒的话,就将那份怒气冲着自己发好了。感到懊恼的话,就用那份懊恼来磨炼自己好了。我便是如此思考的。能够默默吞咽下去的东西,就一星不剩地吞咽进体内,在小说这一容器中,尽力改变其姿态形状,将它作为故事的一部分释放出去。我努力做到这一点。

我并不认为这样一种性格讨人喜爱,恐怕有极少人赏识,却难得讨大众欢喜。对于这样一个缺乏协调性的人,一遇上事情就想独自躲进壁橱里的人,有谁会抱有好意呢?一个职业小说家讨人喜爱这种事，难道真有可能么？不得而知。或许在世界某个地方有，但恐怕很难推而广之。至少我很难想象，自己作为一个小说家，成年累月不断地写小说，同时又能为人私下里喜爱。为人嫌恶、憎恨、轻蔑，似乎倒是更为自然的事情。我也并不打算说：这样的话，我反而感到放心。即便是我，也没有赏玩他人的嫌恶的爱好。

（选自《当我谈跑步时我谈些什么》）

第一篇论文

苏步青

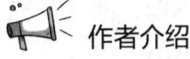作者介绍

苏步青,数学家。

著有《微分几何学》《射影曲线概论》《射影曲面概论》等。

考进自己向往的东北帝国大学数学系,我心情非常舒畅,同时也觉得,以往的一帆风顺,会给自己今后的学习带来顺利。但是,当来到指导教师洼田忠彦教授身边时,我立即感受到攀登数学高峰并不是想象中那样轻而易举。洼田教授是著名的几何学家,训练我很严格,甚至有些严厉,我不得不产生一种畏惧心理。

有一次,遇到一道几何难题解不出来,我便去向洼田教授求教。教授看了看我,只冷冷地说:"请你去看沙尔门·菲德拉的解析几何作品,然后再来找我。"我马上到学校图书馆查书。当

我查到该书翻阅起来时，不禁连声叫苦：这是一套德文原版书，有厚厚的三大本，近2000页。当时，我还只懂日文、英文、法文，对德文一窍不通，心里不由抱怨起来：教授太狠心，不给具体指点，这么厚的书要啃到何年何月？抱怨归抱怨，毕竟是教授叫读的，也只好听从。

我一面抓紧时间学德文，一面边学边啃原著。一个学期下来，我硬是啃完了这套书。到这个时候，我才去见洼田教授。教授一见我便问，那道题的答案找到没有？我深深地鞠了一躬，表示诚挚的感谢。因为这套书不但解决了我的疑难问题，而且使我的解析几何知识系统化，掌握了终生有用的基础知识。

在钻研数学的过程中，我发现意大利的几何学是世界闻名的，而自己不懂意大利文，给学习意大利名著带来很大困难。思考再三，我下决心学意大利语，以便将来能更有效地研究几何学。

我有过向房东老大娘学日语的经历，这次学意大利语又想用这种办法。然而这次选择的对象不是老大娘，而是一位意大利的神父。

东北帝国大学附近有一个天主教堂，每星期五做弥撒时，总能见到神父。他是位意大利人，已年近花甲，头发完全白了。受罗马梵蒂冈派遣，他远渡重洋，到日本来传教，已有二十多年时间了。我并不信教，但是苦于找不到意大利语的老师，也只能从当教徒入手，以便接近神父，获得学意大利语的机会。我特意买了一套做弥撒穿的白外套，做了几次弥撒。据说神父年迈想收新教徒接班，正在物色对象，而我一心想接近神父，寻求意大利语老师。几次接触之后，我们之间日渐熟悉，终于有一天我向神父提出请他教我意大利语的请求。神父出于自己的目的，竟然爽快地答应了我的请求，并告诉我每天晚上都可以去。

从此，我每天晚上都到神父家上课，风雨无阻。神父误认为找到了一个新"教徒"。为了让我早日学会意大利语接班，所以教得特别卖力。而我则想多掌握一门外语，可以多看懂一个国家的数学名著，真是同"桌"异梦，各有所求。

三个月后，我已经能够轻松地阅读意大利的原版数学论著。预期的目的达到了，而我又不想为学意大利语占用更多宝贵的时间，便带了一笔学费向神父告辞。神父惊愕地问我为什么不想当神父，我这才道出本意。我说我不想研究教义，只想探索数学。您教会了我意大利语，我会终身记住您，感谢您。神父面对这突如其来的辞行，有点懊悔，但仍尽力地做了些宣传教育工作，并声称只有宗教才能拯救人类。我也据理力争，宣传我的观点，说只有科学才能造福于人类。神父看出难于挽救的局面，只好找一句话来安慰自己："每个人都有自己的宗教，你把数学当作自己的宗教。孩子，你去努力吧！"神父不收我带去的一文钱，把我送出了家门。

神父教会了我意大利语，我是满怀感激之情的。有了这个外语工具，在大学期间，我和意大利的几位著名数学大师有了通信交往，及时得到了他们的指点和具体帮助。我可以用意大利语准确表达自己的思想，以至于后来能写出意大利文的数学论文，在意大利的著名杂志上发表。所有这些，我怎能不感激神父认真而严肃的意大利语教育呢？

我从青年时代开始就意识到外文的重要性，并寻找各种机会，如饥似渴地学习和掌握外语。在掌握前五门外语的基础上，我又自学了西班牙文。到了五十多岁，因教学、科研的需要，我又学会了比较难掌握的俄文。这样，我一共掌握七门外语，其中，日语、英语、法语能精通，其他几门则能阅读数学专著。60年代我有机会出访欧洲几国，我既是团长、秘书，还兼任翻译，可见学好外语真是好处不少啊！特别是处于改革开放的今天，更应该学好外语。由于外文得心应手，学习国外数学的新作也就不太困难了。书读多了，启发也大，为我早期开展科学研究奠定了基础。读大学三年级时，我写出了第一篇数字论文——《关于费升特的一个定理的注记》(又名《关于一个定理的扩充》)。由于有一些新的见解，论证也比较严密，几位著名的学者都加以赞赏。导师将这篇论文推荐给日本学士院主办的学术刊物发表。据说，当时学生的论文发表在学士院学报上的几乎没有，况且作者又是一位年轻的中国学生，故在学校引起很大轰动。日本一家报纸为此还专门发了一条新闻。

(选自《数字与空间的变奏——苏步青自述》)

天才梦

张爱玲

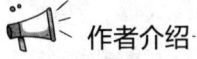 作者介绍

张爱玲,现代作家。

代表作有《半生缘》《传奇》《倾城之恋》《小团圆》等。

我是一个古怪的女孩,从小被目为天才,除了发展我的天才外别无生存目标。然而,当童年的狂想逐渐褪色的时候,我发现我除了天才的梦之外一无所有——所有的只是天才的乖僻缺点。世人原谅瓦格涅的疏狂,可是他们不会原谅我。

加上一点美国式的宣传,也许我会被誉为神童。我三岁时能背诵唐诗。我还记得摇摇摆摆地立在一个满清遗老的藤椅前朗吟"商女不知亡国恨,隔江犹唱后庭花",眼看着他的泪珠滚下来。七岁时我写了第一部小说,一个家庭悲剧。遇到笔画复杂的字,我常常跑去问厨子怎样写。第二部小说是关于一个失恋自杀的女郎。我母亲批评说:如果她要自杀,她决不会从上海乘火车

到西湖去自溺。可是我因为西湖诗意的背景，终于固执地保存了这一点。

我仅有的课外读物是《西游记》与少量的童话，但我的思想并不为它们所束缚。八岁那年，我尝试过一篇类似乌托邦的小说，题名快乐村。快乐村人是一好战的高原民族，因克服苗人有功，蒙中国皇帝特许，免征赋税，并予自治权。所以快乐村是一个与外界隔绝的大家庭，自耕自织，保存着部落时代的活泼文化。

我特地将半打练习簿缝在一起，预期一本洋洋大作，然而不久我就对这伟大的题材失去了兴趣。现在我仍旧保存着我所绘的插画多帧，介绍这种理想社会的服务，建筑，室内装修，包括图书馆，"演武厅"，巧克力店，屋顶花园。公共餐室是荷花池里一座凉亭。我不记得那里有没有电影院与社会主义——虽然缺少这两样文明产物，他们似乎也过得很好。

九岁时，我踌躇着不知道应当选择音乐或美术作我终生的事业。看了一张描写穷困的画家的影片后，我哭了一场，决定做一个钢琴家，在富丽堂皇的音乐厅里演奏。对于色彩，音符，字眼，我极为敏感。当我弹奏钢琴时，我想象那八个音符有不同的个性，穿戴了鲜艳的衣帽携手舞蹈。我学写文章，爱用色彩浓厚，音韵铿锵的字眼，如"珠灰""黄昏""妙""splendour""melancholy"，因此常犯了堆砌的毛病。直到现在，我仍然爱看《聊斋志异》与俗气的巴黎时装报告，便是为了这种有吸引力的字眼。

在学校里我得到自由发展。我的自信心日益增强，直到我十六岁时，我母亲从法国回来，将她睽违多年的女儿研究了一下。

"我懊悔从前小心看护你的伤寒症，"她告诉我，"我宁愿看你死，不愿看你活着使你自己处处受痛苦。"我发现我不会削苹果，经过艰苦的努力我才学会补袜子。我怕上理发店，怕见客，怕给裁缝试衣裳。许多人尝试过教我织绒线，可是没有一个成功。在一间房里住了两年，问我电铃在哪儿我还茫然。我天天乘黄包车上医院去打针，接连三个月，仍然不认识那条路。总而言之，在现实的社会里，我等于一个废物。

我母亲给我两年的时间学习适应环境。她教我煮饭；用肥皂粉洗衣；练习行路的姿势；看人的眼色；点灯后记得拉上窗帘；照镜子研究面部神态；如果没有幽默天才，千万别说笑话。

在待人接物的常识方面，我显露惊人的愚笨。我的两年计划是一个失败的试验。除了使我的思想失去均衡外，我母亲的沉痛警告没有给我任何的影响。

生活的艺术，有一部分我不是不能领略。我懂得怎么看"七月巧云"，听苏格兰兵吹 bagpibe，享受微风中的藤椅，吃盐水花生，欣赏雨夜的霓虹灯，从双层公共汽车上伸出手摘树巅的绿叶。在没有人与人交接的场合，我充满了生命的欢悦。可是我一天不能克服这种咬啮性的小烦恼。生命是一袭华美的袍，爬满了蚤子。

（选自《张看》）

弯人自述

陈 村

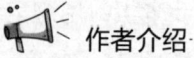
作者介绍

陈村,作家。

代表作有长篇小说《鲜花和》;《陈村文集》(4卷);小说集《走通大渡河》等。

37年前的今天,本人来到这个世界——四肢活跃,身材魁梧,声音洪亮,食欲旺盛。这样的小子人见人爱,想必立刻收到许多即兴的评论。我记不清了,自己当时是否沾沾自喜。要是当时就知道,时过30余年,自己将成为一名把握曲线美的"弯人",婴儿的我是否还会得意地晃动着那个大头?

母亲爱听旧戏,戏中有句唱词:"官人好比天上月"。我说"弯人好比天上月"。自然,不是元宵中秋般的圆月。仿佛是一次月全食,地球的暗影袭来,蚕呀么蚕食得紧,后来,只剩得一个月牙儿——那就是我。齐白石笔下的虾,嬉戏浅水,一伸一收,在收的那一刻定格——那就是我。西方一位名叫丘比特的爱神，背着一对小白翅，飞来飞去发人情思，手中所持的那张可爱的神弓——那就是我。天上的彩虹，地上的河曲——那就是就是我。

出于自爱，我通常只以较为美丽的事物自比。这样，自己弯起来的同时，仿佛也占有了永恒、壮阔、鲜活、精灵之气。我鼓励读者有这样的误会。

俗话说：弯人不是一天造成的。说得真是对极了！有道是百炼成弯，有道是拳不离手曲不离口弯不离身。只要功夫深，直汉弯成弓。我们的黄河，不就是这样形成的，东弯西弯，弯成了万里黄河。

弯了之后，第一个好处是和任何人都有了永恒的话题，而且从来不必备课。比如他问："你这腰，好像扭了？"我就答。问的词不是"扭了"就是"伤了"、"不得劲了"、"不方便"。接下来一定是"怎么不去看看？"我答些世情再答些科学。几问几答之后，俨然成了熟人。而且，提问的总是学生。如果学生不提问，我就自问自答——我当教师时经常这样，所有的教师都这样。

我的病真是生对了，不是那种难言之隐，要去请教电线杆上的"香港老军医"。这种病在任何场合说起来都是很雅的。脊椎是堂堂正正的骨头，不像有些组织通往不三不四的地方。这个病的全称是"强直性脊柱炎"。强而直，本也不是坏词，比起"肿毒"一类词好听得多。

此病的又一个好处是生得醒目。除了我女儿尚以为当父亲是要弯一弯的，其余的都一目了然。有些病要靠病人自己去宣传，比如胃疼，脚癣，早搏。就说胃疼，一直等到疼得弯下腰，人们才会关切。其实，人们是被弯腰的姿势唤起了同情。而我总是弯着腰，胃还偏偏不疼。可见，生病要生得巧。

与我共同生活的人总是一再被人们提醒，要好好照顾我。面对这种人道主义的关心，他们除了说"这是应该的，我已这么做了"，还能有什么别的回答呢？家庭生活中，不聪明的人总要逞强，以势压人或以理服人。我反其道而行，公开地明白地称弱。老子曰："知其雄，守其雌，为天下溪。为天下溪，恒德不离。恒德不离，复归于婴儿。"老子又阐述过"柔弱胜刚强"的哲学。从一滴水看太阳，老子确实很伟大。

其实我也很伟大。

我的身上无时无刻不产生哲学。

我的病，据说是由于免疫系统信号错乱，将自身当作入侵者来攻击。这才是真正的自相矛盾。可怜我的亲爱的脊椎骨，一个个被自己攻无不克的攻击力干掉了。这应验了那句老话：堡垒总是从内部攻破的。更可怜的是医学界，至今未能抓获人体内的叛徒。叛徒像电脑病毒一样潜伏着，很可怕。

尽管没当成老子，我还有另一次伟大的机会，当一名中国的卡夫卡。

没人知道我面对《变形记》是何等的沮丧。我就是那个格里高尔·萨姆沙，我就是那只无可奈何的甲虫，是我而不是卡夫卡的脊背背叛了自己。我拥有当一只甲虫的全部感觉。可惜我生得太晚了。假如我要创作，只能创作动画片，像《忍者神龟》一样的卡通，爬过来爬过去。

是不是想试试？

既弯之，则安之。

如果有意识地寻找，像找男子汉一样用点力气，弯其实是一种境界。

还是老子在说："曲则全，枉则正，洼则盈，敝则新，少则得，多则惑。"

弯更是一种审美趣味。

赵州桥是立体的一例，高高拱起，占了天时，青史留名。九曲桥是平面的另一例，水平摇曳，尽了地利，游人如云。现代人提倡亲爱自然，粗粗一想，凡自然的造物，没见过笔笔直的一根。遥想人类当年，四肢趴地，长背向天，臀圆颅方，天然生趣，何直之有？平而致曲，直而后弯，大到天体，小到心术，莫不如此。这么一想，实在不必妄自菲薄。人生难得一回弯呢。

话虽这么说，初弯之时，心里尚且想不开。一次大病，长久卧床，亏得家人照顾医生用心，慢慢好转，试着下床。心想从此可以站起来，不免高兴。谁知站着总是别扭，去镜前照照，站是站了，站得较弯，一点潇洒全无。

在去医院的路上，看着直来直去的路人，心中好生羡慕。触景生情，闷闷不乐。挂完专科门诊的号，去候诊室排队，忽然发现一部分人已经先弯起来了。真是一个好消息！心中的郁闷一扫而空。

记得有个笑话，说有个口吃的人问别人现现在几几点钟。那人不答，再问再不答。口吃者以为他是聋哑人，就不问了，走了。他走，那人"唉"了一声。一旁有人问，刚才为什么不回答。他说："历历史的经经验值得注注意。"他也口吃，过去回答口吃者，被认为是取笑对方，挨了耳光。历史的经验确实值得注意。我不和与我同病者一起前进，以免被看成半只书名号。更不与之站在街头聊天，否则像阿Q和小D，影子在墙上映出一道虹。那时，是否要来个新的笔名——半虹？

过去看老头爱背着手踱步，心里不解，以为是要摆摆派头。现在才知，人一弯过去，重心就向前了，要做出一个天鹅之死的姿势来平衡。我从不站着抱女儿，而是背她。她像起重机的压铁，帮着我省力。像我这样的人，实在应该去打篮球，始终是努力向前的模样，教练一定喜欢。假如我勤快一些，坚持散步，一定能致富，因为地上的钱无疑是我首先发现。

还是回到医院。过去，我见到医生总有说不出的自卑感，我像一名"可以教育好的子女"等候盘查。如今，我是再也教育不好啦，神色就有点不逊。医生照例还是很神气。我敲敲自己的骨头，意思是"你会看吗？"他当然不会。他要是会看此病早就出大名发大财不会坐在这里。然后我就报几个药名，由他来抄方子。这样，上医院的感觉好多了。

我当然是个与众不同之人，所以，从不染指奇装异服。本人就是奇装异服，只此一件，永不磨损。一个人如果弯起来的话，的确十分耀眼。想当明星而四处碰壁者，不妨一学。虽然没人在床头挂自己的尊容，虽然不被抢着握手，请去电视上做如泣如诉的广告，明星效应还是有一点的。本人只要上街，自信必有人观赏，所以从不在服装发式上费心，天长日久，更不计较并计算什么"回头率"。何况，回头看我的人，目光中是绝对没有邪念的。

有一次我赶火车去外地，身背结结实实的一个包，腰间引出一副耳机。途中换公共汽车三辆，经过隧道时将耳机戴上，听听这洞中可有无线电波。车是出奇的空，好几位乘客在看我。见我对视，忙将视线低下去。过了一会又看。我实在是被看惯了，心里非常坦然。下了汽车，阔步通过大厅、候车室、月台，等到在自己铺位上坐下，才发现身上那条关系到文明的拉链不曾关闭。好生凉快。

要是换一个人，会有我的空城计的气魄么？

还是在汽车上。

我怕坐公共汽车。人一弯，占的体积就大。自从成为弯人，才知道上海的乘客们是如何地丝丝入扣。他们容不得我的奢侈，一波一波地要将我弄直。要是真的能直，我早就直着走上来了，还用得着费大家的力吗？

接着就是怕站在姑娘的身后，尤其是梳一根马尾巴的那种姑娘。姑娘稍不满意就摇头晃脑，将马尾巴甩东甩西地赶着苍蝇。本人的整根脊柱像那泰山顶上一青松，无法避让，只好以手隔面，似乎害羞。姑娘常常并不因此而饶人，总要将眼睛白过来，白得快时简直就是浪里白条。然而，我还是一青松。我常在心里对她讲：你说呀，说呀。她一说我就能解释，化马尾为垂柳，柳浪闻莺，人间天堂。可是，汽车上的战斗往往是无声片，撇撇嘴白白眼就结束了。为此，我尽可能不乘公共汽车。让无名的姑娘生气，于心不安。

此外还有难堪。在车上，一对恋人相视轻语。我身后的大力士一使劲，就出现了一个第三者。我的头伸在两位之间。我充耳不闻，你们尽可以说下去。你们可以将我看成一根石柱，卢沟桥上的那种，柱头刻着个石狮。你们说下去。我决无打搅你们的心肠。我与石狮的差别只在于我会出汗，汗狮。有时，也真的有人说下去，多半是小伙子，他已深入目中无人的境界。说到不聪明的地方，我很想代他说。我是小说家，一向很会说。可是我必须沉默。人们不回避石狮，就因为它的沉默。

依然是公共汽车。汽车是个出故事的地方。等到有一天，我们大家都有了自备汽车，我们会想念那段过去的坏时光吗？在车上，曾有人给我让座，我也给别人让座。但是，相濡以沫，不如相忘于江湖？

无论社会发展到什么时代，我总会记得公共汽车上的一则故事。

那是白天。我上车后站在一个身材高大的男子之后。车不算太挤，没到只用一只脚站的地步。后来就有点挤了，我贴向高大的男子。忽然发现他抱着一个婴儿，婴儿伏在他胸前睡着似的。我高举双手撑住扶手，不叫自己挤了他。大家都不容易是不是。在拥挤的车中，总嫌车开得太慢。

不知过了多少时间，婴儿慢慢抬起头，脸对着我。我看见一双只有婴儿才有的大眼睛，眼圈涂有眼影。她的目光有点迷惘，像在看我，又像没看。我和她面对面，相距不过半尺。心里一惊，停了停，才想到闭目念佛。过了一会，我睁开眼，她正抬着头，眼神依然迷惘。她的男友的右手拢着她。我从不跳舞，没有如此近地与陌生异性对视的经验。面对美丽的脸庞，只好再闭上眼睛。车停站，赶紧躲开，要不然真会打架的。为这样美丽的姑娘打架十分值得，可惜我又打不过人家。

我总是很谦逊地低头弯腰。人要是仰着头,很有点目中无人的神气,而低头像沉思也像反省。要是早生一二十年,我这种人是要挨斗的。我预先培养成这般姿势,斗起来也许少吃点亏。风度其实是不重要的,谦恭才更被人们赏识。这个道理,日本人最懂。但是我不笑,连微笑也不。男人总在微笑,看起来有点不正经。而我是最正派的,从不回头看侧身而过的美人。回头率爱好者见了我只好昏过去,本人永不回头。

而且,本人既不点头也不摇头。好像旧时的皇上,批一句"知道了"。不必再问。

在大学,我免修体育。谈恋爱,我从不将腿走得贼酸还一溜小跑。去登记身份证,工作人员难以确定我的身高。本人只论身长不论身高。早上高一些,晚上矮一点,最后只好折中算了。爬山是我所爱,我常常走不动楼梯,病得猖狂时拉着扶手像拔河一样将自己拔上去。但我却能爬山,见到山就精神了,挂一支杖勤勤恳恳地爬。等我登上山顶,就想:山,我是弯着爬上来的。山应该羞愧。本人在爱的战线上一向成绩平平,就想,弯着尚且如此,一旦直起来是何等潇洒何等魅力,只怕会忙不过来!于是罢了,就弯着吧。

当然也有苦处。晚上睡觉,侧身要一个枕头,平卧要两个枕头。初睡要两个半枕头,睡醒只要一个半。弄得枕头很忙。我曾起用空气枕头,可升可降,非常快活。可惜用不久就告了乏,吹气放气常要操作,吹气吹得肺气肿,放气时声音不雅。于是君子不取。

还有一苦是难以想象的。

电影上,情人接吻,两个脑袋如中国的纸扇一开一合,煞是好看。有心想学学不来，只好不变应万变，永远的中正式。好在这样的幸福时刻不多，也就免得常常伤感。

我最大的心病是死后。

只要不是被腰斩，我死起来就有点麻烦。如果也开追悼会，招来亲朋好友恩人仇人，一个个沉痛得肃穆。没想到我来也，躺在车上被推将出来，上身欠起，面带微笑，两颊扑着红粉，是个和众人打招呼的样子。这岂不是闹鬼么？要是吓死个把人，我的罪孽就深重了，地狱因此要加到十九层。

一个人活不好倒也罢了，要是死也死得折腾，没意思了。一个人活着出点风头也罢了，安息之时却像要坐起来，这个风头出得太大了。

为此，心有不安。

不知为什么，我在梦中经常奔跑、跳跃。我常常当上足球运动员，脚下功夫当然杰出，头球也十分了得。醒来之后，不知身在何处。

医生从来嘱咐我睡硬板床，我偏买来软床。我有自己的理论，如能在软床上睡平已是本事，然后可以论硬板。初学围棋，得了几个手筋，便找九段高手搦战，岂不是找死？

去年因眼睛住了一月医院。不能看书，就操练起来。在那张较硬的床上撤去枕头装死。当然疼得很，于是听娜娜·莫斯科里的歌镇痛。很久，忽然砰的一声，全身一震，一节骨头打开了。这对我犹如一声春雷。经过苦练，再躺下去，不多时便听到一串春雷。站起来看看，人直了许多，几乎能冒充含着胸的直人。我将双手抱在胸前，较为得意，盘算着出院后给广有读者的晚报写篇短文，题目也想好，叫作《调戏骨头》。

后来我出了医院，可以看书写字了，却没为晚报动笔。我又回到了自己的软床，操心谋生而不是操心骨头。要是没有饭吃，调戏得笔直的自己不是还会弯下腰来吗？

我的那篇流产的短文有个漂亮的结束。它的最后一句是：

我想做一个正直的人。

1991.5.6 于浦东

（选自《弯人自述》）

种花记

张秀亚

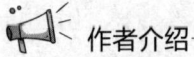
作者介绍

张秀亚，中国台湾现代著名女作家，以抒情散文见长。著有散文集《三色堇》《牧羊女》《怀念》《杏黄月》等。

自从搬到这个房子来，我一直以为是跌到了沙漠中，——阶上没有一点草青，窗外没有一丝花香。一道挂着几片白云的竹篱，圈住了前后院空漠不毛之地，也圈住了我的寂寞。我抱怨荒冷的环境剥夺尽我最后一点不算奢侈的享受，——大自然的美丽。

我终日渴望着一抹绿色，一点点象征着生命与活力的颜色。但这宝贵的颜色是借不来的呵，只有自己寻觅吧。

跑遍了台中的马路，在一家小店里，以一元钱的代价，我换来了一个封住生命与绿意的小包——一包花籽。

神秘的小纸包给了我多美丽的憧憬呵——纸包上面，印出了皎白、鹅黄、宝石蓝色的秀逸花朵，还附有那么一个怪诗意的名字——"三色堇"。

　　回到家，我立即动手播种这个"美丽的理想"了。在那一片病黄色的后院土地上，我一铲一铲地挖了下去，铲子下面，出现了玻璃碴、碎瓦片，还有一些乌黑的煤屑。"荒瘠的土呵！"我叹息着。挖了寸多深，我便把那凝结着希望与美丽的花籽——几粒像黑芝麻似的种子，埋了进去，"试试你的生命力吧，小东西！"在上面，遍洒了我热情的注视，又遍洒了清凉的水点。

　　每晨起身后，首要的事，便是去探视我的花儿。我怀了无限的温爱，宛如母亲呼唤幼儿起床，向着在清晨空气中微睡着的大地轻呼："醒来吧，美丽的生命！"在那无边的寂静中，我似感到大地的平匀脉搏和地下小植物微弱的叹息。啊，我第一次经验到这份又兴奋又忐忑的心情。

　　一连几个晴朗酷热的日子，早晨浇过水的土壤，日午便为太阳的火球晒得冒烟，接着又是几天滂沱的大雨，种花的后院又成了一片汪洋，对着那消息沉沉的一方土地，我无言地扼腕徘徊。

　　转眼六天过去了，帮我炊饭的小姑娘，也似窥出了我那份焦灼的心情，七分安慰，三分嘲弄似的说："我听到人家说，花籽种下去过五天不出芽的话，就没有希望了。"

　　"再等五天看吧，这两天天气太坏了。"我故意乐观地把希望延长，其实暗地里却真为土中那几颗"小黑芝麻"担着心。

　　又过了两天，我怀着绝望的心情来问讯土中的消息，呵，我不禁发出了一声欢呼——一个奇迹出现了：我看到一个身长几乎只有十分之一寸的小小勇士，披了两片绿色盔甲，跃出地面。至此，我才明白袁中郎为什么用"如种出土"来形容那盎然的生机了。好个精神奕奕的 Green Knight（绿胄武士）！

它在外面欣然地茁长着，坐在房中的我，隔了一层窗纱，用幻想为它织出了锦绣前程。我梦着它一天生长高大，渲染美丽了我的院角，我的心灵……至此，我似乎对生命，对美丽，都有了把握。

一天下午，我一半夸耀一半报复地向着那小姑娘说（我记得她曾揶揄过我呵）："等着吧，这片空地就要变成了顶美丽的花园！"语音未了，耳边送来一阵阵呷呷的声音。一抬头，一群红红酒糟鼻的丑火鸭，正高视阔步地流连在我的"花园"中，小姑娘举起了竹枝扫把，它们才啸着摇摆而去！

我的天，我的那些绿胄武士的一身披挂没有了，只剩下一段火柴样的根株，由于火鸭的入寇，落得了这凄凉景况！

看呵，那么一个小小的"光杆儿"，仍然忍耐着骄阳的曝晒，热风的捉弄，面对着不可知的运数，茫然而立，小小脊背挺得笔直，好像是"复归于土"中那个小女孩黑泽（Hazel）面对着夕阳的崦嵫崖谷，她不知道惧怕，因为她太天真纯洁，生气蓬勃！生的戏剧呵，还有比这个再悲壮的吗？

我本来可以为那些初生的幼苗搭起一道篱笆，防止更惨痛的祸事重演，但终因我对这幼芽过分偏爱而变得几近残忍了："如果你还有蕴蓄在土中的生命力都拿出来吧，小小壮士，和骄阳、淫雨、丑火鸭战斗吧！"

过了三天，小小的光杆左右果又飞出了新绿的翅膀，可爱得像个小天神，生机经过斩丧却似乎格外丰盈。但因了这"城市"不设防的缘故，又横遭邻家的大母鸡及群雏的摧残，当那个黄昏，我自外面回来，看到那为暴力剪伐得更短的新苗，我第一次流下了眼泪。

怀着惋惜的心情，同时也怀着更多的希望，我回到房内。我相信它仍会长得强大，茁壮伸展出美丽的枝叶，一次次的悲剧的考验，已锻炼出它生命力的强韧！

今天，当那个炊饭的小姑娘告诉我说："种的花儿已打了苞"时，我不禁喜极欲狂了。但同时又有一种什么样的感触，好像一条蛇般在我的心中蠕动，使我要悲哭，使我要欢唱。

桂冠诗人丁尼生（Tennyson）曾在一篇序曲里歌赞过："生命的芽蘖，用了盲目、冲动的力量，向着光明，向着地面顶撞。"神奇的生命力呵！瑰丽的生命力呵！我以为它一点也不是盲目的、冲动的，而是智慧、勇敢、百折不挠的。当我抚摸着枝头那饱满的蓓蕾时，我似看到那年轻美丽的生命女神加冕了。

（选自《种花记》）

螟蛉虫

周建人

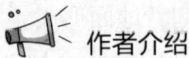作者介绍

周建人，现代著名社会活动家、生物学家、鲁迅研究专家。

著有《生物学》《动物学》《科学杂谈》《进化与退化》《花鸟鱼虫及其他》《鲁迅回忆录》等。

夏天的早晨，太阳光从窗口射进来，照得房间里面很亮，窗门口常常看到小虫豸。有一种小蜂子，特别引起我的注意。它比做倒挂莲蓬形的窠之抛脚黄蜂，又称九里蛤的，要小些，颜色是黄的，也不像九里蛤的呈黄色。但腰也很细，肚皮尖端也是尖尖的。它常常飞到窗门口的太阳光下面，停在窗门框上，动着它的肚皮，好像在想些什么或计划什么似的。

那时候我年纪还很小，因为夏天起床很早，早饭前须先吃些点心。有一天向窗前的桌子上拿糕时，又看见那种使人注意的小

蜂子。祖母脱口说出来,"螟蛉虫,又来了。"我于是知道它叫螟蛉虫,这名字,我一听到就永远不会忘记它。

以后,我常常遇见螟蛉虫,有时候它在种荸荠的小缸的边上走。走过去,又回转来,好像在找寻些什么。有时候同样的在荷花缸边上徘徊。我的故乡的住屋,窗门外面有明堂,种些荷花及别的花草及小树,荸荠虽然不会开美丽的花,可是它的碧绿的像筷子粗的秆子,一丛生出来,像茂密的竹林,很好看的,不过竹有枝条,它没有枝。这细长的,空管子似的秆子里面有密密的横隔,如果用手指把它捻扁,便发生清脆的唧唧的声音。荷花是许多人家爱栽种的花卉,它的圆形的大叶,上面生着蜡质的毛丛,遇水不会濡湿的。水滴在叶上滚来滚去像"走盘珠"。花大而好看,有清香。它的大叶与有清香的花早上舒展开来,使人见了觉得清凉。

螟蛉虫不但在荸荠缸边或荷花缸边行走,有时候头朝着缸里的烂泥注意的看,或者用嘴去咬。一会儿,它去了,但不久又回转来。再到来缸边行走,好像在寻找些什么东西。它找寻些什么呢?不是咬烂泥吗?因为缸边常有烂泥露出水上的。

不久,我在明堂里朝南的窗格上看见了许多约莫榛子大的泥房,下端放在窗格的木条上,当然是平的,上面呈圆形。仔细看时,可以看出由一粒粒的小泥粒堆成的。螟蛉虫嘴里把泥土含去,拌和唾液,去造成这种养儿子的小圆房。

螟蛉虫不但早上有得看见;傍晚也有遇到。夏天的时候,一家人常在明堂即天井里吃晚饭的。天还没有暗,但太阳已没有了,排好桌子与椅子,预备吃饭时,屋檐旁边的蜘蛛也出来赶忙修网了。修好网,准备捉生物吃。它修好网,或者还未修好,螟蛉虫也来了。它这时候不到荷花缸边去行走，却飞往蜘蛛网边去冲撞。一撞，二撞，或者接连三四地撞上去。当初我疑心螟蛉虫看不见网，错撞上去的。但几次以后，我觉得它是有计划的冲撞了。蝴蝶、蜜蜂等是常常撞到蜘蛛的网上去的，它们真是由于错误，不是有意的。它们一撞之后，常被丝粘住。用力挣扎企图逃走时，蜘蛛便赶过去，急忙放出丝来，用脚向落了陷阱的牺牲者的身上缚过去。如果被捕的是蝴蝶，它便站在远旁接连地缚；如果是蜜蜂，它急忙用丝缚几转便逃开，少息又去缚几转，又逃开，好像知道它是劲敌，有针刺，可怕的。等到脚及翅膀等都已缚住，无法施展力时，它才敢站在近旁，再用丝密密的绑缚它的全身。

现在螟蛉虫朝着网去撞，分明不是出于错误，却是有意的，它往来其间从来不会被丝粘住。它如果撞一下，不见蜘蛛赶开去，就打一个小圈子，再撞上去。蜘蛛不赶开去倒也罢了，如果赶去捕捉它，那就上当了。螟蛉虫不知怎么一来，蜘蛛措手不及，反被捉了去。一落在螟蛉虫的手里，便无法脱逃，被拿去封在泥房里，给它的儿子做食粮。你如果拆开窗格上的泥房来看，常常封着大小恰好的蜘蛛。它不会动弹，但是活的。你如果翻查讲昆虫的书籍来看，它会告诉你：那蜘蛛已被螟蛉虫用肚皮末端的针刺过，已经昏迷过去，但没有死去，所以藏在泥房里无害于它的卵，也不会腐烂的。我们把食物用盐腌了来保藏，晒干了来保藏，用蜜渍了来保藏，用冰冰了来保藏，做了罐头来保藏，螟蛉虫却用麻药麻醉了来保藏。这种保存方法真合用，它失了知觉，不会害它的幼子的，但没有死去，味道仍然新鲜，很好吃。你如果拆开泥房的时候已迟了，那么蜘蛛已没有了，却卧着一个带淡黄色的,身子弯曲的,一动也不动的蜂蛹。它就是将来变成螟蛉虫的前些时期蛹子,再过些时,就蜕壳变成螟蛉虫,钻通泥房跑出去。去看得再迟些时,泥房已有孔,里面只剩一些蜕下的皮壳之类,别的东西都不见了。

但螟蛉虫的泥房不是一定造在窗格子上的,因为种类有些不同。环境有些不同,也会造在别的地方,封在房里的活食粮也常常不相同。有一回我从一条树枝上拆开一个泥房来看,里面关的不是蜘蛛,却是几条尺蠖,而且很活泼的,不像麻醉的样子。莫非因为尺蠖不吃荤腥的东西,不会害螟蛉虫的儿子,所以用不着麻醉吗?

因为螟蛉虫种类不同,搜集给儿子吃的食粮的确常常不同的,有一回我看见一个螟蛉虫在拖一个紫油油的大蟑螂。螟蛉虫咬住它的一根长须,向后退走。起初蟑螂很有力气,螟蛉虫不特牵它不动,有时反被蟑螂牵动。但经过一个挣扎的时候,蟑螂渐渐颓唐了,力气渐渐没有了,好像有些脚软身麻,渐渐的随它牵走。

有一回我看见一个螟蛉虫拖一只较小型的八脚。八脚是蜘蛛类的动物,但不结网,比蟢子还要高大,脚粗长,体隆起。螟蛉虫咬住它的一脚,二方像拉绳的用力拉,当初螟蛉虫常被八脚拉过去。螟蛉虫用力支撑住,不让它拉去过多的路。少息又拼命拉过来。经过一个挣扎时期以后,八脚气力渐渐不支,脚渐渐弯曲。莫非疲倦了吗?形状不像疲倦,简直像生病。也许已被螟蛉虫的针刺过了,现在毒发,遂不能够支持了。捕捉较大的动物之螟蛉虫身体也大些,可知它的儿子的食量也大些,所以食粮要贮藏得多些的。

好几年后，我看看古书，说有蜾蠃，腰细，常常捕捉小青蛉，名叫螟蛉的，封在房里，若干日后，变为她的女儿。这话当然不对的，别的虫捉来在自己造的房里，怎样能够变成像自己的虫呢？这话说得不对，清朝嘉庆年间有一个学者，叫作郝懿行的已经观察过，他拆开蜾蠃的泥房来看，看出蜾蠃自己生有卵子，捉去的小青虫是给它吃的。他注的《尔雅义疏》里，这件事情说得很清楚，并且说古人说小青虫会变蜾蠃是因为古人观察得不精细，还要无凭无据的推测而来的。郝懿行真是一个细心的观察家。

讲到这里，我还有一句话要说明白，便是古时候本叫那小蜂子为蜾蠃，树上的小青虫为螟蛉的，现在却多叫蜾蠃为螟蛉虫了。我听到别人也都叫它螟蛉虫，可见它已成了普通名称。又有些地方还称领子为螟蛉子，可见还没有忘记普通传述的"螟蛉有子，蜾蠃负之"的意思。在科学上是完全不对的，不过也还觉得好玩与有"诗意"。

（选自1946年7月15日《文章》第1卷第4期）

女　性

[日]芥川龙之介　著　吕元明　译

作者介绍

芥川龙之介,日本小说家。

代表作有《罗生门》《竹林中》等。

　　雌蜘蛛沐浴着盛夏的阳光,在红月季花下凝神想着什么。

　　这时空中响起振翅的声音,突然一只蜜蜂好像摔下来似的落到月季花上。蜘蛛猛地举目望去。寂静的白昼的空气里,蜜蜂振翅的余音,仍然在微微地颤动着。

　　雌蜘蛛不知什么时候蹑手蹑脚地从月季花下边爬出来。蜜蜂这时身上沾着花粉,向藏在花蕊里的蜜把嘴插了进去。

　　残酷的沉闷的几秒钟过去了。

　　在红月季花瓣上,几乎陶醉在花蜜里的蜜蜂后边,慢慢露出了雌蜘蛛的身子。就在这一刹那蜘蛛猛地跳到蜜蜂头上。蜜蜂一边拼命地振响着翅膀,一边狠狠地去螫敌人。花粉由于蜜蜂的扑打，在阳光中纷纷飞舞。但是，蜘蛛死死咬住不松口。

争斗是短暂的。

不久蜜蜂的翅膀不灵了，接着脚也麻痹起来，长长的嘴最后痉挛着向天空刺了两三次，这就是悲剧的结束。是和人的死并无不同的残酷的悲剧的结束。——一瞬间之后，蜜蜂在红月季花下，伸着嘴倒下去了。翅膀上，脚上，沾满了喷香的花粉……

雌蜘蛛的身子一动也不动，开始静静地吮吸蜜蜂的血。

不知羞耻的太阳光，透过月季花，在重新恢复起来的白昼的寂静中，照着这个在屠杀和掠夺中取胜的蜘蛛的身子。灰色缎子似的肚子，黑琉璃一般的眼睛，以及好像害了麻风病的、丑恶的硬邦邦的节足——蜘蛛几乎是"恶"的化身一般，使人毛骨悚然地爬在死蜂身上。

这种极其残酷的悲剧，以后不知发生过多少次。然而，红月季花在喘不过气来的阳光和灼热中，每天仍在斗艳盛开……

过了不久，蜘蛛在一个大白天，忽然像想起什么似的钻到月季的叶和花朵之间的空隙，爬上一个枝头。枝头上的花苞，被地面酷热的空气烤得将要枯萎，花瓣一边在酷热中抽缩着，一边喷放着微弱的香味儿。雌蜘蛛爬到这里之后，就在花苞和花枝之间不断往还。这是洁白的、富有光泽的无数蛛丝，缠住半枯萎的花蕾，渐渐又缠向枝头。

不一会工夫，这里出现一个好像绢丝结成的圆锥体的蛛囊，白得耀眼，在反射着盛夏的阳光。

蜘蛛做完了巢，就在这华丽的巢里产下无数的卵。接着又在囊口织了个厚厚的丝垫儿，自己坐在上面，然后又张起类似顶棚的像纱一样的幕。幕完全像个圆屋顶，只是留一个窗子，从白昼的天空把凶猛的灰色的蜘蛛遮盖起来。但是，蜘蛛——产后身体瘦弱的蜘蛛，躺在洁白的大厅中间，月季花也好，太阳也好，蜜蜂的翅音也好，好像全忘记了，只是专心致志地在沉思着。

几周过去了。

这时蜘蛛囊巢里，在无数蛛卵中沉睡着的新生命苏醒了。对这件事最先注意到的，是在那白色大厅中间断食静卧的、现在已经老了的母蜘蛛。蜘蛛感觉到丝垫下面不知不觉在蠢动着的新生命，于是慢慢移动着软弱无力的脚，咬开把母与子隔离开的囊巢顶端。无数的小蜘蛛不断地从这儿跑到大厅里来。或者不如说，是丝垫变成了百十个微粒子在活动着。

小蜘蛛马上钻过圆屋顶的窗子，一哄拥上通风透光的红月季的花枝。它们的一部分拥挤在忍着酷暑的月季的叶子上。还有一部分好奇地爬进喷着蜜香的层层花瓣的月季花里去。另有一部分已经纵横交错于晴空之中的月季花枝与花枝之间，开始张起肉眼看不清的细丝。如果它们能叫的话，在这白昼的红月季花上，一定会像挂在枝头的小提琴在风中歌唱那样，鸣叫轰响。

然而，在这圆屋顶的窗子前边，瘦得像个影子似的母蜘蛛，寂寞地独自蹲在那儿。不只这样，而且过了好久，连脚也不动一动了。那洁白大厅的寂寥，那枯萎的月季花苞的味儿——生了无数小蜘蛛的母蜘蛛，就在这既是产房又是墓地的纱幕般的顶棚之下，尽到了做母亲的天职，怀着无限的喜悦，在不知不觉之间死去了。——这就是那个生于酷暑的大自然之中，咬死蜜蜂，几乎是"恶"的化身的女性。

一九二〇年四月作
（选自《罗生门》）

草之情（节选）

[日]薄田泣堇 著 陈德文 译

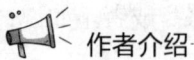

薄田泣堇，日本明治时代诗人、散文家。代表作有《草之情》。

暴雨即将降临的天气，原野的道路上沙尘飞扬。我看到一个农夫急急忙忙将割下的草收集起来，浓郁的青草气息向四方飘散。闻到草香，我的脚步自然放慢了。

这无法言状的草的芳馨。站到草堆前的一瞬间，我的胸中蓦然浮现出一系列那些被割下的草的名称：萱草、野菊、露草……我不但感知着它们那种不怕践踏、不畏蹂躏的生命之魂，而且切实品尝到了这些杂草可人的清香。我有着天生如牛一般愚钝、正直和坚韧的性格，也有着牛一般的嗅觉。我若也有牛一般的胃袋，我将同牛们一样，变成一个极端的素食主义者。我对此确信无疑。

我对草的这种深情来自何处？

在我看来，草不论多么渺小，多么柔弱，都是镶嵌在大地上的生命之眼。它们有触觉，它们知冷热。所谓"生命"，不管采取多么飘忽不定和徒然无为的表现方式，其内里总是积聚着美、力量和光辉。万物之中再也找不到比草的生命更加谦恭、朴素、正直和坚毅的东西了。对于我，草就是"语言"。它是一种一刻也不能安静的奇异的存在。草没有蹄爪，它是一直伫立于同一地方的小兽。草没有声带，它是永远保持沉默的小鸟。

然而，我对于草的亲情并不仅限于此。

孩童时代，我是在草丛中长大的，更确切地说，我和草一起成长。我生在乡野寒村，我只有几个小伙伴，我同这几个仅有的小伙伴玩耍，总是选择草地。当我和伙伴们不在一起时，我就一个人在草丛里跌打滚爬。因为小草已经开花、结籽，我可以同它们一道玩了。牵牛花吸附在手指上，稍一接触，就会发出蝈蝈般的鸣声，同时弹出一颗酸浆果来，使得还是小孩子的我甚感惊异，更促使我玩得天昏地暗，忘了时间。

草地里隐藏着各种各样的小虫，有纺织娘、土蜘蛛，还有俨然军人模样的蟋蟀，装模作样的螳螂，花花公子般的放屁虫，还有蝼蛄、蚯蚓……这里有着神话之国的君主和小百姓们忙碌而又悠闲的生活。拨开草叶，压弯草茎，向里边一看，这些演员们正上演一幕幕好戏，对我发出一阵阵难以抵挡的诱惑。虫的亮相，虫的情恋，虫的对打，虫的舞蹈，虫的谋反……一场一景，颇为动人。它们一发现有我在盯着，便大吃一惊，立即收敛一切动作和表演，草草退场，落荒而逃。于是，这些气急败坏的小冤家，便来咬我的手指，用长满细毛的双腿，抓蹬我的额头。

草之情（节选）

那是什么时候,我和上田先生一起在京都御苑散步。苑内的草地上嫩芽新萌,在阳光里耀目争辉。上田喜欢法国,他看到这样的景色,立即若有所思地说:"日本的草,大多手感粗硬,法国草原上的青草既柔软又很少生虫,看上去十分舒服。"

我听了,不由感到,这位长在大都市的学者和我这个乡巴佬之间,对于草和昆虫的感触真是相差万里。虫时时咬我的手指,螫我的肌肤,然而它们始终是和我嬉戏的伙伴。

不光是虫,草偶尔也向人露出白牙。萱草有剃刀般的叶子,数次割伤我的指头。蓟草的刺好几次刺伤我的掌心。但是,无论在什么场合,我一看见草就满含亲情,真想叫一声"啊,我的兄弟"。哪怕它们沾满沙尘,哪怕它们被牛尿濡湿,我都毫不在乎。

同乐共饮,相辅相成——我和草的关系须臾不可离分。正因为如此,我今天站在暴雨袭来前的田野道路上,一闻到草的清香就不由停下了脚步。

硕大的雨点描画着飞箭般的银线,噼噼啪啪打落下来。那农夫慌忙背起草捆儿跑了,我紧紧跟在他的后头。

(选自《日本散文经典》)

五月的北平

张恨水

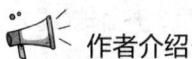 作者介绍

张恨水,著名章回小说家,也是"鸳鸯蝴蝶派"代表作家。

代表作有《春明外史》《金粉世家》《啼笑因缘》《八十一梦》等。

能够代表东方建筑美的城市,在世界上,除了北平,恐怕难找第二处了。描写北平的文字,由国文到外国文,由元代到今日,那是太多了,要把这些文字抄写下来,随便也可以出百万言的专书。现在要说北平,那真是一部廿四史,无从说起。若写北平的人物,就以目前而论,由文艺到科学,由最崇高的学者到雕虫小技的绝世能手,这个城圈子里,也俯拾即是,要一一介绍,也是不可能。北平这个城,特别能吸收有学问、有技巧的人才,宁可在北平为静止得到生活无告的程度,他们不肯离开。不要

名,也不要钱,就是这样穷困着下去。这实在是件怪事。你又叫我写哪一位才让圈子里的人过瘾呢?

静的不好写,动的也不好写,现在是五月(旧的历法和四月),我们还是写点五月的眼前景物吧。北平的五月,那是一年里的黄金时代。任何树木,都发生了嫩绿的叶子,处处是绿荫满地。卖芍药花的担子,天天摆在十字街头。洋槐树开着其白如雪的花,在绿叶上一球球的顶着。街,人家院落里,随处可见。柳絮飘着雪花,在冷静的胡同里飞。枣树也开花了;在人家的白粉墙头,送出兰花的香味。北平春季多风,但到五月,风季就过去了(今年春季无风)。市民开始穿起夹衣,在不暖的阳光里走。北平的公园,既多又大。只要你有工夫,花不成其为数目的票价,亦可以在锦天铺地、雕栏玉砌的地方消磨一半天。

照着上面所谈,这范围还是太广,像看《四库全书》一样。虽然只成个提要,也觉得应接不暇。让我来缩小范围,只谈一个中人之家吧。北平的房子,大概都是四合院。这个院子,就可以雄视全国建筑。洋楼带花园,这是最令人羡慕的新式住房。可是在北平人看来,那太不算一回事了。北平所谓大宅门,哪家不是七八上下十个院子?哪个院子里不是花果扶疏?这且不谈,就是中产之家,除了大院一个,总还有一两个小院相配合。这些院子里,除了石榴树、金鱼缸,到了春深,家家由屋里度过寒冬搬出来。而院子里的树木,如丁香、西府海棠、藤萝架、葡萄架、垂柳、洋槐、刺槐、枣树、榆树、山桃、珍珠梅、榆叶梅,也都成人家普通的栽植物,这时,都次第的开过花了。尤其槐树,不分大街小巷,不分何种人家,到处都栽着有。在五月里,你如登景山之巅,对北平城作个鸟瞰,你就看到北平市房全参差在绿海里。这绿海就大部分是槐树造成的。

洋槐传到北平，似乎不出五十年。所以这类树，树木虽也有高到五六丈的，都是树干还不十分粗。刺槐却是北平的土产，树兜可以合抱，而树身高到十丈的，那也很是平常。洋槐是树叶子一绿就开花，正在五月，花是成球的开着，串子不长，远望有些像南方的白绣球。刺槐是七月开花，都是一串串有刺，像藤萝（南方叫紫藤），不过是白色的而已。洋槐香浓，刺槐不大香，所以五月里草绿油油的季节，洋槐开花，最是凑趣。

在一个中等人家，正院子里可能就有一两株槐树，或者是一两株枣树。尤其是城北，枣树逐家都有，这是"早子"的谐音，取一个吉利。在五月里，下过一回雨，槐叶已在院子里著上一片绿荫。白色的洋槐花在绿枝上堆着雪球，太阳照着，非常的好看。枣子花是看不见的，淡绿色，和小叶的颜色同样，而且它又极小，只比芝麻大些，所以随便看不见。可是它那种兰蕙之香，在风停日午的时候，在月明如昼的时候，把满院子都浸润在幽静淡雅的境界。假使这人家有些盆景（必然有），石榴花开着火星样的红点，夹竹桃开着粉红的桃花瓣，在上下皆绿的环境中，这几点红色，娇艳绝伦。北平人又爱随地种草本的花籽，这时大小花秧全都在院子里拔地而出，一寸到几寸长的不等，全表示了欣欣向荣的样子。北平的屋子，对院子的一方面，照例下层是土墙，高二三尺，中层是大玻璃窗，玻璃大得像百货店的货窗相等，上层才是花格活窗。桌子靠墙，总是在大玻璃窗下。主人翁若是读书伏案写字，一望玻璃窗外的绿色，映人眉宇，那实在是含有诗情画意的。而且这样的点缀，并不花费主人什么钱的。

北平这个地方，实在适宜于绿树的点缀，而绿树能亭亭如盖的，又莫过于槐树。在东西长安街，故宫的黄瓦红墙，配上那一碧千株的槐林，简直就是一幅彩画。在古老的胡同里，四五株高槐，映带着平正的土路，低矮的粉墙。行人很少，在白天就觉得其意幽深，更无论月下了。在宽平的马路上，如南、北池子，如南、北长街，两边槐树整齐划一，连续不断，有三、四里之长，远远望去，简直是一条绿街。在古庙门口，红色的墙，半圆的门，几株大槐树在庙外拥立，把低矮的庙整个罩在绿荫下，那情调是肃穆典雅的。在伟大的公署门口，槐树分立在广场两边，好像排列着伟大的仪仗，又加重了几分雄壮之气。太多了，我不能把她一一介绍出来，有人说五月的北平是碧槐的城市，那却是一点没有夸张。

　　当承平之时，北平人所谓"好年头儿"，在这个日子，也正是故都人士最悠闲舒适的日子。在绿荫满街的当儿，卖芍药花的平头车子整车的花蓇蕾推了过去。卖冷食的担子，在幽静的胡同里叮当作响，敲着冰盏儿，这很表示这里一切的安定与闲静。渤海来的海味，如黄花鱼，对虾，放在冰块上卖，已是别有风趣。又如乳油杨梅、蜜饯樱桃、藤萝饼、玫瑰糕，吃起来还带些诗意。公园里绿叶如盖，三海中水碧如油，随处都是令人享受的地方。但是这一些，我不能、也不愿往下写。现在，这里是邻近炮火边沿，南方人来说这里是第一线了。北方人吃的面粉，三百多万元一袋；南方人吃的米，卖八万多元一斤。穷人固然是朝不保夕；中产之家虽改吃糙粉度日，也不知道这糙粮允许吃多久。街上的槐树虽然还是碧净如前，但已失去了一切悠闲的点缀。人家院子里，虽是不花钱的庭树，还依然送了绿荫来，这绿荫在人家不是幽丽，乃是凄凄惨惨的象征。谁实为之？孰令致之？我们也就无从问人。《阿房宫赋》前段写得那样富丽,后面接着是一叹:"秦人不自哀!"现在的北平人,倒不是不自哀,其如他们哀亦无益何!

　　好一座富于东方美的大城市呀,他整个儿在战栗!好一座千年文化的结晶呀,他不断地在枯萎!呼吁于上天,上天无言;呼吁于人类,人类摇头。其奈之何!

（选自《绿了芭蕉》）

蓝布褂儿

林海音

> **作者介绍**
>
> 林海音,作家。
> 代表作有小说《城南旧事》等。

竹布褂儿,黑裙子,北平的女学生。

一位在南方生长的画家,有一年初次到北平。住了几天之后,他说,在上海住了这许多年,画了这许多年,他不喜欢一切蓝颜色的布。但是这次到了北平,竟一下子改变了他的看法,蓝色的布是那么可爱,北平满街骑车的女学生,穿了各种蓝色的制服,是那么可爱!

刚一上中学时,最高兴的是换上了中学女生的制服,夏天的竹布褂,是月白色——极浅极浅的蓝,烫得平平整整;下面是一条短齐膝盖头的印度绸的黑裙子,长筒麻纱袜子,配上一双刷得一干二净的篮球鞋。用的不是手提的书包,而是把一叠书用一条捆书带捆起来。短头发，斜分，少的一边撩在耳朵后，多的一边让它半垂在鬓边，快盖住半只眼睛了。三五成群，或骑车或走路。哪条街上有个女子中学，那条街就显得活泼和快乐，那是女学生的青春气息烘托出来的。

北平女学生冬天穿长棉袍，外面要罩一件蓝布大褂，这回是深蓝色。谁穿新大褂每人要过来打三下，这是规矩。但是那洗得起了白碴儿的旧衣服也很好，因为它们是老伙伴，穿着也合身。记得要上体育课的日子吗？棉袍下面露出半截白色剔绒的长运动裤来，实在是很难看，但是因为人人这么穿，也就不觉得丑了。

阴丹士林布出世以后，女学生更是如狂地喜爱它。阴丹士林本是人造染料的一种名称，原有各种颜色，但是人们嘴里常常说的"阴丹士林色"多是指的青蓝色。它的颜色比其他布，更为鲜亮，穿一件阴丹士林大褂，令人觉得特别干净，平整。比深蓝浅些的"毛蓝"色，我最喜欢，夏秋或春夏之交，总是穿这个颜色的。

事实上，蓝布是淳朴的北方服装特色。在北平住的人，不分年龄、性别、职业、阶级，一年四季每人都有几件蓝布服装。爷爷穿着缎面的灰鼠皮袍，外面罩着蓝布大褂；妈妈的绸里绸面的丝绵袍外面，罩的是蓝布大褂；店铺柜台里的掌柜的，穿的布棉袍外面，罩的也是蓝布大褂，头上还扣着瓜皮小帽；教授穿的蓝布大褂的大襟上，多插了一支自来水笔，头上是藏青色法国小帽，学术气氛！

阴丹士林布做成的衣服，洗几次以后，缝线就变成很明显的白色了，那是因为阴丹士林布不褪色而线褪色的缘故。这可以证明衣料确是阽丹士林布,但却不知为什么一直没有阽丹士林线,忽然想起守着窗前方桌上缝衣服的大姑娘来了。一次订婚失败而终身未嫁的大姑娘,便以给人缝衣服,靠微薄的收入,养活自己和母亲。我们家姊妹多,到了秋深添置衣服的时候,妈妈总是买来大量的阽丹士林布,宋妈和妈妈两人做不来,总要叫我去把大姑娘找来。到了大姑娘家,大姑娘正守着窗儿缝衣服,她的老妈妈驼着背,咳嗽着,在屋里的小煤球炉上烙饼呢!

大姑娘到了我家里,总要待一下午,妈妈和她商量裁剪,因为孩子们是一年年地长高了。然后她抱着一大包裁好了的衣服回去赶做。

那年离开北平经过上海,住在娴的家里等船。有一天上街买东西,我习惯地穿着蓝布大褂,但是她却教我换一件呢旗袍,因为穿了蓝布大褂上街买东西,会受店员歧视。在"只认衣裳不认人"的洋场,"自取其辱"是没人同情的啊!

一九六一年十一月八日
(选自《北平漫笔》)

放风筝

梁实秋

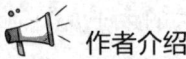 **作者介绍**

梁实秋，中国现代著名散文家、学者、文学批评家、翻译家。

代表作有《雅舍小品》《英国文学史》等。

偶见街上小儿放风筝，拖着一根棉线满街跑，嬉戏为欢，状乃至乐。那所谓放风筝，不过是竹篾架上糊一点纸，一尺见方，顶多底下缀着一些纸穗，其结果往往是绕挂在街旁的电线上。

常因此想起我小时候在北平放风筝的情形。我对放风筝有特殊的癖好，从孩提时起直到三四十岁，偶有机会从没有放弃过这一有趣的游戏。在北平，放风筝有一定的季节，大约总是在新年过后开春的时候为宜。这时，风劲且稳。严冬时风很大，过于凶猛，春季过后则风又嫌微弱了。开春的时候，蔚蓝的天，风不断的吹，最好放风筝。

北平的风筝最考究。这是因为北平的有闲阶级的人多，如八旗子弟，凡属耳目声色之娱的事物都特别发展。我家住在东城，东四南大街。在内务部街与史家胡同之间有一个二郎庙，庙旁边有一爿风筝铺，铺主姓于，人称"风筝于"。他做的风筝在城里颇有小名。我家离他近，买风筝特别方便。他做的风筝，种类繁多，如肥沙雁、瘦沙雁、龙井鱼、蝴蝶、蜻蜓、鲇鱼、灯笼、白菜、蜈蚣、美人儿、八卦、虾蟆，以及其他形形色色。鱼的眼睛是活动的，放起来滴溜溜的转，尾巴拖得很长，临风波动。蝴蝶蜻蜓的翅膀也有软的，波动起来也很好看。风筝的架子是竹制的，上面绷起高丽纸面，讲究的要用绢绸，绘制很是精致，彩色缤纷。风筝于的产品，最精彩的是"提线"拴得角度准确，放起来不"折筋斗"，平平稳稳。风筝小者三尺，大者一丈以上，通常在家里玩玩由三尺到七尺就很够了。新年厂甸开放，风筝摊贩也很多，品质也还可以。

放风筝的线，小风筝用棉线即可，三尺以上就要用棉线数绺捻成的"小线"，小线也有粗细之分，视需要而定。考究的要用"老弦"：取其坚牢，而且分量较轻，放起来可以扭成直线，不似小线之动辄出一圈儿。线通常绕在竹制的可旋转的"线桄子"上。讲究的是硬木制的线桄子，旋转起来特别灵活迅速。用食指打一下，桄子即转十几转，自然地把线绕上去了。

有人放风筝，尤其是较大的风筝，常到城根或其他空旷的地方去，因为那里风大，一抖就起来了。尤其是那一种特制的巨型风筝，名为"拍子"，长方形的，方方正正没有一点花样，最大的没有超过九尺。北平的住宅都有个院子，放风筝时先测定风向，要有人举起一根大竹竿，竿顶置有铁叉头或铜叉头（即挂画所用的那种叉子），把风筝挑起，高高举起到房檐之上，等着风一来，一抖，风筝就飞上天去，竹竿就可以撤了。有时候风不够大，举竹竿的人还要爬上房去踞坐在房脊上面。有时候，费了不少手脚，而风姨不至，只好废然作罢，不过这种扫兴的机会并不太多。

风筝和飞机一样，在起飞的时候和着陆的时候最易失事。电线和树都是最碍事的，须善为躲避。风筝一上天，就没有事，有时候进入罡风境界，直不需用手牵着，大可以把线拴在屋柱上面，自己进屋休息，甚至拴一夜，明天再去收回。春寒料峭，在院里久了会冻得涕泗交流，线弦有时也会把手指勒得青疼，甚至出血，是需要到屋里去休息取暖的。

风筝之"筝"字，原是一种乐器，似瑟而十三弦。所以顾名思义，风筝也是要有声响的。《询刍录》云："五代李邺于宫中作纸鸢，引线乘风为戏。后于鸢首，以竹为笛，使风入竹，声如筝鸣。"这记载是对的。不过我们在北平所放的风筝，倒不是"以竹为笛"，带响的风筝有两种，一种是带锣鼓的，一种是带弦弓的，二者兼用的当然也不是没有。所谓锣鼓，即是利用风车的原理捶打纸制的小鼓，清脆可听。弦弓的声音较为悦耳。有高骈风筝诗为证：

夜静弦声响碧空，宫商信任往来风。
依稀似曲才堪续，又被风吹别调中。

我以为放风筝是一件颇有情趣的事。人生在世上，局处在一个小圈圈里，大概没有不想偶然远走高飞一下的。出门旅行，游山逛水，是一个办法，然亦不可常得。放风筝时，手牵着一根线，看风筝冉冉上升，然后停在高空，这时节仿佛自己也跟着风筝飞起了，俯瞰尘寰，怡然自得。我想这也许是自己想飞而不可得，一种变相的自我满足罢。春天的午后，看着天空飘着别人家放起的风筝，虽然也觉得很好玩，究不若自己手里牵着线的较为亲切，那风筝就好像是载着自己的一片心情上了天。真是的，在把风筝收回来的时候，心里泛起一种异样的感觉，好像是游罢归来。虽然不是扫兴，不是败兴，至少也是兴尽之后的那种疲惫状态，懒洋洋的，无话可说，从天上又回到了人间，从天上翱翔又回到匍匐地上。

放风筝还可以"送幡"（俗呼为"送饭儿"）。用铁丝圈套在风筝线上，圈上附一长纸条，在放线的时候铁丝圈和长纸条便被风吹着慢慢地滑上天去，纸幡在天空飞荡，直到抵达风筝脚下为止。在夜间还可以把一盏一盏的小红灯笼送上去，黑暗中不见风筝，只见红灯朵朵在天上游来游去。

放风筝有时也需要一点点技巧。最重要的是在放线松弛之间要控制得宜。风太劲，风筝陡然向高处跃起，左右摇晃，把线拉得绷紧，这时节一不小心风筝便会栽下去。栽下去不要慌，赶快把线一松，它立刻又会浮起，有时候风筝已落到视线所不能及的地方，依然可以把它挽救起来。凡事不宜操之过急，放松一步，往往可以化险为夷，放风筝亦一例也。技术差的人，看见风筝要栽筋斗，便急忙往回收，适足以加强其危险性，以至于不可收拾。风筝落在树梢上也不要紧，这时节也要把线放松，乘风势轻轻一扯便会升起，性急的人用力拉，便愈纠缠不清，直到风筝扯碎为止。在风力弱的时候，风筝自然要下降，线成兜形，便要频频扯抖,尽量放线,然后再及时收回,一松一紧,风筝可以维持于不坠。

好斗是人的一种本能。放风筝时也可以表现出战斗精神。发现邻近有风筝飘起,如果位置方向适宜,便可向它斗争。法子是设法把自己的风筝放在对方的线兜之下,然后猛然收线,风筝陡的直线上升,势必至和对方的线兜缠在一起,两只风筝都摇摇欲坠,双方都急于向回扯线。这时候就要看谁的线粗,谁的手快,谁的地势优了。优胜的一方面可以扯回自己的风筝,外加一只俘虏,可能还有一段的线。我在一季之中,时常可以俘获四五只风筝。把俘获的风筝放起,心里特别高兴,好像是在炫耀自己的胜利品。可是有时候战斗失利,自己的风筝被俘,过一两天看着自己的风筝在天空飘荡,那便又是一种滋味了。这种斗争并无伤于睦邻之道,这是一种游戏,不发生侵犯领空的问题。并且风筝也只好玩一季,没有人肯玩隔年的风筝。迷信说隔年的风筝不吉利。这也许是卖风筝的人造的谣言。

(选自《未能忘情于诗酒》)

北游漫笔

叶灵凤

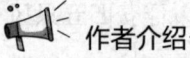作者介绍

叶灵凤，作家。

著有小说《菊子夫人》《女娲氏的遗孽》《鸠绿媚》；散文、随笔《天竹》《白叶什记》《忘忧草》等。

北国的相思，几年以来不时在我心中掀动。立在上海这银灯万盏的层楼下，摩托声中，我每会想起那前门的杂沓，北海的清幽，和在虎虎的秋风中听纸窗外那枣树上簌簌落叶的滋味。有人说，北国的严冬，荒凉干肃得可味，较之江南的秋春还甚，这句话或许过癖，然而至少是有一部分的理由。尤其是在这软尘十丈的上海住久了的人，谁不渴望去一见那沉睡中的故都？

柔媚的南国，好像灯红酒绿间不时可以纵身到你怀中来的迷人的少妇；北地的冰霜，却是一位使你一见倾心而又无辞可通的拘谨的姑娘。你沉醉时你当然迷恋那妖娆的少妇，然而在幻影消

灭后酒醒的明朝,你却又会圣洁地去寤寐你那倾心的姑娘了。

这样,我这缠绵了多年的相思,总未得到宽慰,一直到今年的初夏,我才借故去遨游了一次。虽是在那酷热的炎天中,几十日的勾留,不足以言亲到北方的真味,然而昙花一瞥,已足够我回想时的陶醉了。

最初在天津的一月,除了船进大沽口时两旁见了几个红裤的小孩和几间土堆的茅屋以外,简直不很感觉北国的意味。我身住在租界,街上路牌写的也不是中文,我走在水门汀的旁道上,两旁尽是红砖的层楼,我简直找不见一个嚼馍馍大葱的汉子,我几疑惑此身还是在上海。白昼既无闲出去,而夜晚后天津的所谓"中国地"又因戒严阻隔了不能通行,于是每晚我所消磨时间的地方,我现在想起了还觉得好笑。每晚,在福禄林或国民饭店的跳舞厅中,在碧眼儿和寥寥几位洋行的写字之中,总有我一个江南的惨绿少年,面前放了一杯苏打,口里含着纸烟,抱了手倚在椅上,默视场中那肉与色的颤动,一直到夜深一二时才又独自回去。有时我想起我以不远千里之身,从充满了异国意味的上海跑来这里,不料到了这里所尝的还是这异国的情调,我真有点嘲笑我自己的矛盾。

离开天津乘上京奉车去吸着了北京的灰土以后,我才觉得我真是到了北方,那一下正阳门车站后,在烈日高涨的前门道上,人力车夫和行人车马的混乱,那立在灰沙中几乎被隐住了的巡士,和四面似乎都蒙上了一层灰雾的高低的建筑,甚至道旁那几株油绿的街树,几乎无一处使我望去不感到它的色调是苍黄。峙立着的干涩的前门,衬了它背后那六月的蔚蓝的天空,没有掩映,也没有间色。下面是灰黄混乱,上面是光秃的高空,我见了这一些，我才突然揉醒了我惺忪的睡眼。啊啊，这不是委婉多情的南国了。

近年北方夏季天气的炎热，实是故老们所感喟的世道人心都剧变了的一个铁证。在京华歇足的二十几日中，所遭的天气几乎无日不在九十度以上。偶尔走出门来，松软的土道上，受了烈日所蒸发出的那种干燥的热气，嗅着了真疑心自己是已置身在沙漠。不幸的我，自离开天津后，两只脚上的湿气已有点痒痒，抵北京后在旅馆中的第一夜更发现脚底添了两处破洞，此后日渐加剧，不能行动，一直在海甸燕京大学友人的床上养息了两整星期后才算差痊。在那两星期中，我每日只是僵卧；天气的闷热，苍蝇的骚扰，长睡的无聊，和想出去游览的意念的热切，每日在我心中循环的交战。我竭力想用书籍来镇压我自己，然而得到的效果很少，我几乎是又尝了一度牢狱的滋味。这样一直到我的脚能勉强走动了才止。我记得在近二十日的长睡后，我第一次披了外衣倚在宿舍走廊朱红漆的大柱下去眺望那对山时的情形，我的心真像小鸟样的在欣慰活跃。

长卧的无聊中，每日药膏纱布之余，睁目乱想，思的能力便较平日加倍的灵敏。燕大的校舍是处在京西的海甸，关置未久，许多建筑还在荒榛中未曾完竣。我所住的朋友这间宿舍，窗外越过一沼清水，对岸正有一座宝塔式的水亭在兴工建筑。我支枕倚在床上，可以看见木架参差的倒影，工人的邪许和锤声自上历乱的飞下，仿佛来自云端。入夜后那塔顶上的一盏电灯，更给了我不少启示。我睡在床上望了那悬在空际荧荧的一点光明，我好像巡圣者在黑夜遥瞻那远方山上尼庵中的圣火一般，好几次冷然镇定了我彷徨的心情。这迷途的接引，这黑夜的明灯，我仿佛看见一只少女的眼睛在晶晶地注视着我。

据说这一块地基，是一个王府的旧址，所以窗外那一沼清水，虽不甚广阔，然已足够几只小艇的泛游。每到热气清消的傍晚，岸上和水中便逐渐的热闹起来，我坐在床上，从窗里望着他们的逸兴，我真觉得自己已是一只囚在笼中的孤鸟。从水草中送上来的桨声和歌声，好像都在嘲笑我这两只脚的命运。窗外北面一带都是宫殿式的大楼，飞檐画角，朱红的圆柱掩护着白垩的排窗，在这荒山野草间，真像是前朝的遗物。那倚在窗口的闲眺者，仿佛又都是白头宫女，在日暮苍茫，思量她们未流露过的春情。

啊啊，这无限的埋葬了的春情！

这样，在眼望着壁上的日历撕去了十四五页以后，我才能从床上起来，我才能健快的踏着北京的街道。

离去海甸搬到城内朋友的住处后，我才住着了纯粹北方式的房屋。环抱了院子矮矮的三楹，纸糊的窗格、竹的门帘、花纸的内壁和墙上自庙会时买来的几幅赝造的古画，都完全洗清了我南方的旧眼。天气虽热，然而你只要躲在屋内便也不觉怎样。在屋内隔了竹帘看院中烈日下的几盆夹竹桃和几只瓦雀往返在地上争食的情形，实在是我那几日中最赏心的一件乐事。入晚后在群星密布的天幕下，大家踞在藤椅上信口闲谈，听夜风掠过院中槐树枝的声音，我真咒诅这上海几年所度的市井的生活。

有一夜大雷雨，我中夜醒来，在屋瓦的急溜和风声雨声的交响乐中，静看那每一道闪电来时，纸窗上映出的被风摇曳着的窗外的树影，那时的心境，那时的情调，都是永值得回忆。

到北京下午后在旅舍中的第一晚，就由朋友的引导去了中央公园一次。去时已是夜十一时了，鼓着痛足，匆匆地在园中走了一遭，在柏树下喝了一瓶苦甜的万寿山汽水后，便走了出来。园中很黑，然而在参天的柏树下，倚了栏杆，遥望对岸那模糊中的官墙，我觉倒很有趣味，以后白天虽又去过几次，但总觉不如第一夜的好。实在，在一望去几百张藤椅的噪杂人声中，去夹在里面吃瓜子，去品评来往的女人，实在太乏味了。

北海公园便比中央好了。而我觉得它的好处不在有九龙壁的胜迹，有高耸的白塔可以登临；它的好处是在沿海能有那一带杂树蜿蜒的堤岸可以供你闲眺。去倚在柳树的阴下，静看海中双桨徐起的划艇女郎和游廊上品茶的博士，趣味至少要较自己置身其中为甚。这还是夏天，我想象着假若到了愁人的深秋，在斜阳映着衰柳的余晖中，去看将涸的水中的残荷，和败叶披离的倒影，当更有深趣。假若再有一两只踽步的白鹭在这凄凉的景象中点缀着，那即使自己不是诗人，也尽够你出神遐想了。

我爱红灯影下男女杂沓酒精香烟的疯狂混乱的欢乐，我也爱一人黄昏中独坐在就圮的城墙上默看万古苍凉的落日烟景，然而我终不爱那市场中或茶棚下噪杂的闲谈和羼走。

在北方的两月中，除了电影场外，没有看过一次中国的旧戏。去北京而不听京戏，有人说这是入了宝山空手归来，实在太傻了。然而我只好由人奚笑。在幼时虽也曾欢喜过三花大脸和真刀真枪，可惜天真久丧，这个梦早已破了，现在纵使我们的梅兰芳再名驰环球中外倾倒，我的去看京戏的兴致也终不能引起。我觉得假如要听绕梁三日的歌喉不如往上海石路叫卖衣服的伙计口中去寻求，要看漂亮的脸儿不如回到房中拿起镜子看看自己。

这既非写实又非象征的京戏，对他，我真只好叹我自己的浅薄了。

北京茶馆酒楼和公园中"莫谈国事"的红纸贴儿,实在是一件值得大书特书的怪事。

不过,同一的不准谈国事,在北方却明示在墙上,在南方则任着你谈以待你自讨苦吃,两相比较,北方人的忠厚在这里显出了。

去西山的一次是在阴天。西山虽没有江南山气的明秀,虽没有北派诸山的雄壮,然而它高低掩映,峰脉环抱,虽是小小的一带培楼,实在是北京一切风景中的重心和根源。我去的一次,在走到半山中便遇着了雨。所以去的时间虽不多,见到的却很好。雨中看山,山中看雨,看雨前白云自山腰涌出封锁山尖的情形,看雨后山色的润湿和苍翠,实在抵得住了多日。

走上西山道上,回过头来便可望见万寿山的颐和园了,这一座庞然的前朝繁华的遗迹,里面尽有它巧妙的布置,伟大的建筑,可是因为主管的太不注意修理了,便处处望去都是死气沉沉。排云殿的颓败,后面佛阁的颠危,我终恐怕它们有一天会像西湖雷峰塔的骤然崩溃。知命者不立乎岩墙之下,我想着这些我便止不住缓缓地避开了。我更不敢到昆明湖中去。这大约是我还没有像王国维一样找着我可以尽忠的圣主吧?

对于北京前朝的宫殿和园囿,我要欣赏它的各个而弃掉它的全体。一带玉阶的整齐,不如去鉴赏它雕了蟠龙的白石柱子的一个。三殿的雄伟,那里抵得上金黄的琉璃瓦的一片可爱呢?我不愿去看故宫的博物馆,我只愿看大元帅府前的汽车和卫兵。

这或许是我的渺小,这或许也就是他们的伟大。

北京"三·一八惨案"放枪的地点我也总算去看过了。马号中依旧养着马，地上也长着青草。血呢？

　　琉璃厂中去买旧书，北京饭店去买西书，实在是我在北京最高兴的事儿，比夜间乘了雪亮的洋车去逛胡同还要可恋。可是，有一次雨天，当我从东交民巷光泽平坦的柏油大道上走回了我们泥深三尺的中国地时，我又不知道那一个是该咒诅的了。

　　泥虽是那样的深，然而汽车却可以闭了眼睛不顾一切地疾驰而过。在北京，黄牌的汽车，比上海租界内的S.M.C.三字还要有威风哩！我只好揩去我身上的泥，我还是回上海去尝S.M.C.的滋味罢。

　　在七年以前，曾经由津浦线北上，过黄河，在天津附近的一个小县里住了半年。这一次的北行，往返却都是由海道。回来的一遭，在船中我每日裹了一件毛绒衫躺在甲板上看海。船舷旁飞溅的浪沫，远处缓缓送来的波涛，黄昏时天际的苍茫，新月上升后海上那一派的银雾和月光下海水的晶莹，日落时晚霞的奇幻与波光的金碧错乱，实在使我见了许多意外的奇遇。虽是回来后我额上和手臂都被海风吹得褪了一层皮，我仍是一点也不懊悔。

　　因了事务的不容缓和朋友的催促，我终于回来了，在回来后一月余的今天，我回想起在京时朋友们待我的盛情和所得的印象，都觉得还是如在目前。

　　耗去两月的光阴，实际上虽未得到什么，然而一个颠倒了多年的北国的相思梦却终于是实现了，虽是这个梦的实现对于我也与一切恋爱的美梦一般，所得的结果总是不满。

一九二七·九月十六于上海听车楼
（选自《天竹》）

听 泉

[日] 东山魁夷 著　陈德文 译

作者介绍

东山魁夷，日本风景画家、散文家。
著有《花月我》《听泉》等。

鸟儿飞过旷野。一批又一批，成群的鸟儿接连不断地飞了过去。

有时候四五只联翩飞翔，有时候排成一字长蛇阵。看，多么壮阔的鸟群啊！……

鸟儿鸣叫着，它们和睦相处，互相激励；有时又彼此憎恶，格斗，伤残。有的鸟儿因疾病、疲惫或衰老而失掉队伍。

今天，鸟群又飞过旷野。它们时而飞过碧绿的田原，看到小河在太阳照耀下流泻；时而飞过丛林，窥见鲜红的果实在树荫下闪烁。想从前，这样的地方有的是。可如今，到处都是望不到边的漠漠荒原。任凭大地改换了模样，鸟儿一刻也不停歇，昨天，

今天，明天，它们继续打这里飞过。

不要认为鸟儿都是按照自己的意志飞翔的。它们为什么飞？它们飞向何方？谁都弄不清楚，就连那些领头的鸟儿也无从知晓。

为什么必须飞得这样快？为什么就不能慢一点儿呢？

鸟儿只觉得光阴在匆匆忙忙中逝去了。然而，它们不知道时间是无限的，永恒的，逝去的只是鸟儿自己。它们像是着了迷似的那样剧烈，那样急速地振翮翱翔。它们没有想到，这会招来不幸，会使鸟儿更快地从这块土地上消失。

鸟儿依然呼啦啦拍击着翅膀，更急速，更剧烈地飞过去……

森林中有一泓清澈的泉水，发出叮叮咚咚的响声，悄然流淌。这里有鸟群休息的地方，尽管是短暂的，但对于飞越荒原的鸟群说来，这小憩何等珍贵！地球上的一切生物，都是这样，一天过去了，又去迎接明天的新生。

鸟儿在清泉旁歇歇翅膀，养养精神，倾听泉水的絮语。鸣泉啊，你是否指点了鸟儿要去的方向？

泉水从地层深处涌出来，不间断地奔流着，从古到今，阅尽地面上一切生物的生死，荣枯。因此，泉水一定知道鸟儿应该飞去的方向。

鸟儿站在清澄的水边，让泉水映照着身影，它们想必看到了自己疲倦的模样。它们终于明白了鸟儿作为天之骄子的时代已经一去不复返了。

鸟儿想随处都能看到泉水，这是困难的。因为，它们只顾尽快飞翔。

鸟儿想错了，它们最大的不幸是以为只有尽快飞翔才是进步，它们以为地面上的一切都是为了鸟儿而存在着。

不过，它们似乎有所觉悟，这样连续飞翔下去，到头来，鸟群本身就会泯灭的，但愿鸟儿尽早懂得这个道理。

我也是鸟群中的一只，所有的人们都是在荒凉的不毛之地上飞翔不息的鸟儿。

人人心中都有一股泉水，日常的烦乱生活，遮蔽了它的声音。当你夜半突然醒来，你会从心灵的深处，听到幽然的鸣声，那正是潺潺的泉水啊！

回想走过的道路，多少次在这旷野上迷失了方向，每逢这个时候，当我听到心灵深处的鸣泉，我就重新找到了前进的标志。

泉水常常问我：你对别人，对自己，是诚实的吗？我总是深感内疚，答不出话来，只好默默低着头。

我从事绘画，是出自内心的祈望：我想诚实地生活。心灵的泉水告诫我：要谦虚，要朴素，要舍弃清高和偏执。

心灵的泉水教导我：只有舍弃自我，才能看见真实。

舍弃自我是困难的，甚至是不可能的，我想。然而，絮絮低语的泉水明明白白对我说：美，正在于此。

（选自《听泉》）

密西西比河风光

[法]夏多布里昂 著　程依荣 译

作者介绍

夏多布里昂，法国作家。

著有《革命论》《勒内》《阿达拉》等。

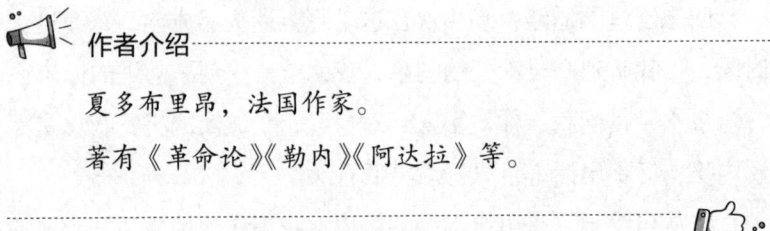

密西西比河两岸风光旖旎。西岸，草原一望无际；绿色的波浪逶迤而去，在天际同蓝天连成一片。三四千头一群的野牛在广阔无垠的草原上漫游。有时，一头年迈的野牛劈开波涛，游到河心小岛上，卧在高深的草丛里。看它头上的两弯新月，看它沾满淤泥的飘拂的长鬣，你可能把它当成河神。它踌躇满志，望着那壮阔的河流和繁茂而荒野的两岸。

以上是西岸的情景。东岸的风光不同，同西岸形成令人赞叹的对比。河边、山巅、岩石上，幽谷里，各种颜色、各种芳香的树木杂处一堂，茁壮生长；它们高耸入云，为目力所不及。野葡萄、喇叭花、苦苹果在树下交错，在树枝上攀缘，一直爬到顶梢。它们从槭树伸延到鹅掌楸，从鹅掌楸延伸到蜀葵，形成无数洞穴、无数拱顶、无数柱廊，那些在树间攀缘的藤蔓常常迷失方向，它们越过小溪，在水面搭起花桥。木兰树在丛莽之中挺拔而起，耸立着它静止不动的锥形圆顶；它树顶开放的硕大的白花，俯瞰着整个丛林；除了在它身边摇着绿扇的棕榈，没有任何树木可以同它媲美。

被创世主安排在这个偏远的丛莽中的无数动物给这个世界带来魅力和生气。在小径尽头，有几只因为吃饱了葡萄而醉态酩酊的熊，它们在小榆树的枝丫上蹒跚；鹿群在湖中沐浴，黑松鼠在茂密的树林中嬉戏，麻雀般大小的弗吉尼亚鸽从树上飞下来在长满红草莓的草地上踯躅；黄嘴的绿鹦鹉，映照成红色的绿啄木鸟和火焰般的红雀在柏树顶上飞来飞去；蜂鸟在佛罗尼达茉莉上熠熠发光，而捕鸟为食的毒蛇倒挂在树枝交织而成的穹顶上，像藤蔓一样摇来摆去，同时发出阵阵嘶鸣。

如果说河对岸的草原上万籁无声，河这边却是一片骚动和聒噪：鸟喙啄击橡树干的笃笃声，野兽穿越丛林的沙沙声，动物吞噬食物或咬碎果核的咂咂声；潺潺的流水、啁啾的小鸟、低哞的野牛和咕咕叫的斑鸠使这荒野的世界充满一种亲切而粗犷的和谐。可是，如果一阵微风吹进这深邃的丛林，摇晃这些飘浮的物体，使白色、蓝色、绿色、玫瑰色的生物混杂交错，使所有的色调融合为浑然一体，使所有的声音汇成合唱，那是多么奇伟的声音，多么壮观的景象！可是，对于没有亲临其境的人，这一切我是无从描绘的。

（选自《法国经典散文》）

大海与海风

[美] E. B. 怀特 著　贾辉丰 译

作者介绍

E. B. 怀特，美国当代著名散文家、评论家，作为《纽约客》主要撰稿人奠定了影响深远的"《纽约客》文风"。

除了自成一格的随笔之外，他的《斯图尔特鼠小弟》(又译《精灵鼠小弟》)《夏洛的网》与《吹小号的天鹅》，成为儿童与成人共同喜爱的文学经典。

醒着或睡着，船都在我的梦幻中——通常是那种小船，船帆轻轻地鼓荡。想一想我生命中有多大一部分都花费在梦想出海时光，而整个这场梦幻都与小船有关，我就不免担忧我的健康状况，因为据说，总是遨游在虚幻的现实中，受想象中的清风吹动，并不是什么好兆头。

我注意到，大多数人去理发店，必须排队等候时，都会坐下来，抄起一本杂志看。我则只管落座，沉浸于我的海上思绪，那番游历始于五十多年前，到现在还没结束。在东部，不管是等候上火车还是等候看牙医，每个地方都成了我的舱室。我还在忙着整理帆索，火车已经启动，要么牙钻开始吱吱嘎嘎地转。

如果人必须迷上点什么，我想一艘船不逊于任何东西，或许比大多数东西还好些。航行中的小船不仅风姿绰约，而且很有诱惑力，充满了奇特的承诺和不祥的暗示。碰巧赶上机帆游艇，它无疑就是人类永不停歇的大脑所能设计的最紧凑、最巧妙的生活空间了——一个稳定但不凝滞的家，不是一个匣子，而是一条鱼，一只鸟，一位姑娘，主人身在其中，只要有胆量，他的日常生活就可以远远避开陆上的尘嚣，迎风航行或顺水漂流——起居室、卧室、浴室，浮家泛宅，活力无穷。

生活中一丝不苟、渴望简洁的人，进入不受风雨侵袭的海湾里系泊的三十英尺长的帆船舱室，每每感到宽慰。这里，家中杂七杂八的全套装备给压缩在微型空间和无常的谵妄中，悬在天与海之间，随时准备在清晨靠了帆索的奇技和魔力继续启程。难怪人们要将船珍藏在心底的最隐秘处，从摇篮直到坟墓，不弃不离。

与我的船之梦一道浮现的，是我对船的拥有，一艘接一艘，漂在海面上，许多都是闹着玩儿的，说沉就沉。从童年时代起，我就想法子拥有某种小帆船，心惊胆战地驾船出航。如今，我已经年过七十，仍然拥有一条船，仍然热衷听从无情的大海发出呼唤，心惊胆战地驾船出航。大海为何如此地吸引我？从打何时起，我生发出这种在现实或梦幻中扬帆远航的冲动？我与大海的第一次邂逅，其实是一见生恨。四岁时，家人携我前往新罗谢尔的海滨浴场。那里经历的一切都让我恐惧和反感：呛进嘴里的咸水，木头搭建的更衣室里逼人的寒气，乱糟糟的沙滩，散发恶臭的沼泽地。我离开时满怀对海的畏惧与憎恨。后来，我发现曾经畏惧和憎恨的，现在变成了畏惧和爱。

我必须回到海上，因为是它托起一条船，我对船懂得很少，但时刻不能忘怀。我成了海上游子。大海对我是无言的挑战：海风、潮汐、雾霭、暗礁、车钟、凄厉呼叫的海鸥、天气永无休止的威胁与恫吓。一旦海风涨满我的船帆，我就无法离开舵柄，好像是抓住了一根高压线，想甩也甩不开。

我喜欢独自航行。大海对我就像是身边的姑娘——我不希望再有任何人插足。没人指点，我只有自行其是，结果事事都做得古怪，终于没有学会正确操船，更不要说技艺娴熟，虽然我一生在这上面都很起劲。二十岁时，我才知道还有海图存在，此前我的历次出航都得小心摸索，不知已经有先行者留下他们的行踪。三十岁时，我才学会把盘索利利索索地挂在固着楔上。在此之前，我从来都把盘索堆在甲板上，丢掉盘管。我从来麻烦不断，待到重返海面，又招来更大麻烦。航行成了件欲罢不能的事情：船泊在水上，不停摇荡，风在吹，我别无选择，只能登船出航。最早我的船都很小，碰上风不灵光，或者我不灵光，还能动手控制——我可以靠长棹或短桨划回去。后来，我的船升级了，非得乘风，才能破浪。我第一次在这样一条船上卸下锚具，一小时后才乍起胆子，升起三角旗。即使到现在，我经历了上千次的短程航行，每逢出海时，听海鸥鼓噪，软沓沓的主帆噼啪拍击，仍不免习惯性地生出寒意。

近年来，我注意到，航海日益成了一种强制行为，不再是个单纯的乐子。船泊在那里,清晨的微风徐徐吹拂——荣誉攸关,那么,拔锚起航吧。我像个酗酒者,一生丢不开酒瓶子。对我来说,我也丢不开航行。然而,我清楚地知道,我失去了对海风的感觉,实际上,我不再为海风激动。它催我振作,一点不错,而我真正喜欢的却是无风的天气,四周一片平和。有一个非同小可的问题,时时萦绕在我心头,人如果讨厌海风,是否还应当继续摆弄船。但这种反应有些学究气——一直的渴望仍在心中鼓荡,它属于过去,属于青春,所以我挣扎在旧日与现时之间,人在垂暮之年的一种常见病。

　　人何时应当告别大海?要等到怎样的耳聋眼花,手脚不灵才肯停歇?是见好就收,还是非要等到犯下大错,比如失足落水,或因为篷帆陡转,给掼倒在甲板上?去年冬天,我长时间与自己争论这个问题。最后,认定这条路已经走到头,于是,我写信给船坞,请他们把船拖上来,标价出售。我说我"回头是岸"。不过,在我敲下这一行字时,我怀疑我根本就是说说而已。

　　假如不见买主,随后的事情可想而知:我将请船坞把船拖下水——"直到有人登门求购。"随后,温煦的东南风吹皱海湾,是那种柔和的、平稳的晨风,带来遥远的海上世界的腥气,那气味把人送回时间的开端,将他与早先逝去的一切联系起来,此时,往日的不安,往日的不确定,又都一一出现。单桅帆船就泊在那里,海风吹起来,我将再度解缆起航。待我横渡海面,避开渔栅的浮标和系索桩,抵达托利群岛外的红色浮筒前。岩礁上聚拢的长鼻鸬鹚一定注意到我的经过。"那老家伙又来了,"它们会说。"又来绕过他的海角,又来征服咆哮西风带。"我手握舵柄,

再次感受海风给一条船贯注了生命力,再次嗅到往日的威胁,那些为我贯注了生命力的东西:海上世界残酷的美,甲壳动物的细刃,海胆的尖棘,水母的毛刺,还有螃蟹的利螯。

(选自《E.B.怀特随笔:重游缅湖》)

且说黄山

吴冠中

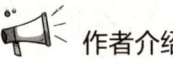作者介绍

吴冠中，画家。

代表作有《长江三峡》《鲁迅的故乡》《春雪》《长城》等。

микро雨中从后山云谷寺步行上北海，一路游人不绝。从山上下来的人都抱怨，说上山两天什么也没看见，弥天大雾，只能欣赏眼前的松树根和石栏杆。何不多住几天呢？他们是在会议中挤时间上山的，有期限。但也有人说，他上次在黄山一星期，天天大晴天，百里见秋毫，一点雾也没有，可说看尽山石真面目，反感到有些乏味，因此这回是专程来寻雾里黄山的。没有云雾不好，全是云雾当然也不好，云雾，它是画家挥毫中的艺术手法。大自然才是大艺术家，虚虚实实，捉弄游人，诱惑游人，予游人以享受和满足，不，永不满足！放眼一望，茫茫云海中浮现着墨色的山峰，千姿百态。峰峦之美多半在头顶，云层覆盖了所有的山脚、

山腰,有意托出顶峰之美,以其银白衬托峰峦之墨黑,以其海浪似的横卧的波状线对比刚劲的山石垂线,抽象,抽象,抽出具象世界中的形式之美,大自然理解抽象之美,也惯用抽象手法!人们每次游黄山都获得不同美感,就是缘于大自然抽象手法的无尽表现吧!朝朝暮暮,辛苦的摄影师和画家们长年累月在守候、捕捉云雾与山峦的幻变、虚与实的较量、抽象与具象的转化!

东边日出西边雨,秋天的黄山更是瞬息万变。登山坐爱枫林晚,老年人吃力地爬上始信峰,只能坐在石头上好好休息,慢慢欣赏脚下"红树间疏黄"的斑斓秋色;稍远处,丛丛红树和黄叶则如漫山遍野的花朵。突然乌云压来,白雾在彩谷间飞奔:团团、条条、丝丝,追逐嬉戏。雨将至,怎么办?但从那乌云的窟窿中遥望山下,明晃晃的阳光正照耀着人家白屋。雨并没有来,倒降下大雾,一片迷茫:隐隐丛山、浓淡层林,偌大的水彩画面!细看朦胧处,有人在活动,从画面比例看,人画得太大了,其实呢,人就在近处,"朦胧"将具象推向了深远!

我并不认为,欧洲中世纪哥特式教堂的建筑师是从黄山诸峰获得的启示,但你从清凉台上观望对面群峰直指天空的密集的线,令人惊叹,这与哥特式教堂无数尖尖的线在指引信士们升向天国,那感觉、感受与美感似乎正相仿佛。许多中国画家从黄山获得了美感的启示,特别是山石的几何形之间的组织美:方与尖、疏与密、横与直之间的对比与和谐。尤其,高高低低石隙中伸出虬松,那些屈曲的铁线嵌入峰峦急流奔泻的直线间,构成了具独特风格的线之乐曲。平时并不接近中国画的朋友,游黄山后再去翻翻黄山派的画集,当更易了解画家们从何处来,往何处去。如先已看过石涛等人的作品的,那么,有心人,你在黄山中寻觅石涛等人的模特儿吧？我两次到黄山，总爱在其中寻觅石涛，正如在法国南方爱克斯的圣·维多利亚山前寻觅塞尚。

"似与不似之间"，齐白石一语道破了艺术效果的关键。大自然的雕刻家创作了无数似与不似之间的佳作。至于是佳作、杰作还是平庸之作，那主要还须从形体的形式美感方面去衡量，像不像与美不美不能等同起来。到排云亭观西海群峰，峰端犬牙交错，石头的形象有尖有方，或起或伏，其间更穿插松的姿态，构成了宏伟的线与面之交响乐。正如歌德说的："凝固的音乐是建筑，流动的建筑是音乐。"线，从峰巅跌入深谷，几经顿挫，仍具万钧之力，渗入深邃，人称那谷底是魔鬼世界，扶栏俯视，令人腿软。谷外，一层云海一层山，山外云海海外山，大好河山曾引得多少英雄折腰，诗人歌颂！年轻人，有幸早日瞻仰祖国的壮丽；老年人，在告别人生之前，也奋力拄着拐棍前来一睹自家江山。游人挤着游人，刹那间，小小的排云亭挤得已无插足之地，人声嘈嘈：哪里是天女绣花？仙人踩高跷？文王拉车？武松打虎？天狗……老虎的尾巴！仙人的靴子！仙女的琴！像！像！不太像！尾巴太短！大声大叫，吵吵嚷嚷，其间夹杂着欢笑、得意、惊叹，也有人因尚未看清靴子或尾巴而着急，如再认不出来，似乎这趟黄山之行便是白白糟蹋了！

我走在僻静的山径中，道旁有些较大的松树的根部主干却被竹片包裹起来，像套了靴子的腿，看不出腿的体形了，自然不好看，煞风景。我想那是为了防牛群和羊群往树干上擦痒痒吧，因我见过拴牛系马的老树上也有类似的防护，北京动物园的熊山中的树干上也有同样的防护，以防牲口对树木的摧残。但当我爬上那些险峰绝壁处，那里的奇松上也包着竹围裙，难道牛羊也会被

放牧到削壁险崖吗？原来那是为了防游人刻字留言，有些名松就因被人刻字太多，凌迟而死！人们爱松，护松。"梦笔生花"的那朵花，是石隙中生长的一棵岁月悠久的苍劲的松，那里游人倒是爬不上去的，但衰老是必然的自然规律，松将死！黄山管理处曾邀请专家上去研究抢救，大概已救不活了，"梦笔生花"将只是美丽的回忆了，让下一代的游人们根据那笔，那似笔似笋的石的体形，去想象最美最别致的花朵！

（选自《短笛无腔》）

钓胜于鱼

陈之藩

作者介绍

陈之藩,中国台湾作家。

著有《旅美小简》《在春风里》《剑河倒影》《一星如月》等。

每天早晨我在湖边整顿小艇,常有位银发的老教授蹒跚地走来。

"早安。"他老远地打招呼。

"今天还出去划船吗?"我问。

"当然,天气真好啊,我太喜欢钓鱼,可惜这湖中的鱼不大。"

"反正你是为钓,并非为鱼。"

"对极了,对极了。我是为钓,不是为鱼。"他一边说着,一边登上小船,带着他的钓具与几本书,马达照例不开,双桨轻轻

划破水面,悠然远去。

我抬头目送他远去,眼前的景色,令人欲醉。她像只有华兹华斯的歌声足以形容:

这一幅风光,如梦
山这样清秀
水这样清澄
山与水之间相接了
这山啊
有多高耸入云端
就有多深映入水中

日光直射的水面,是一条银河,其余的湖面是一片澄碧。小舟的影子越来越远,桨声的起落越来越轻,这一叶扁舟终于消失在一片黎明的炫光中,我的思潮好像也冲入——静谧的山谷里。

这位老教授在哥伦比亚教书,他是宾夕法尼亚大学毕业的。因为我也在宾大上学,所以他每天总好奇地与我谈几句,好像在与我谈话中,还可以寻觅到他的青春。他在哥大已教书30年了,这几年的暑假常到这湖边来。每天扁舟垂钓,竟日方归,最多能钓上一两条二三寸长的小鱼,而他的享受却是在钓。

能够欣赏钓,而不计较鱼,是会使一个人快乐,使一个团体健康,使一个社会成功的。美国有许多学者,在一个学校工作,一工作就是一生,真是数十年如一日。以宾大而论,今年就要养着108位退休的老教授;这些教授服务于宾大,最少的已有四分之一世纪,长些的有服务40年的了。并不是美国人的耐性特别长，实是他们在工作本身发现出无限的趣味，感觉自己沉醉于鸟语花香，和山清水媚。至于鱼竿之下是否有鱼，他们反而忘了。

普渡大学校长郝德说："科学的无限疆界，展开在人类面前。"每个知识的先驱者所面对的，由外人看来，好像是山穷水尽的泥穴，其实在他自己看来，却是花繁叶满的桃源，因而流连忘返，因而乐此不疲，都是理宜固然的。

因为工作本身的兴趣，有时使一个人至于疯狂。宾大有位教授魏刚，是自动机械专家，因读书入了迷，工作时间的拼命努力自不待言，即是吃饭睡觉也常常失去正轨，脑筋依然在想，不得休息。最后他实在太疲倦，想出一个特别的办法，以休养脑筋，即锯木头。他家里堆一大堆木材，每天他要把大块锯成小块，把小块锯成更小，以资休息。偶然看来，很像疯人院撕纸的疯子，知识追求的本身，竟有如此魔力。

当然，在这种境界中的人，是无法再生名利观念的。爱因斯坦刚到普林斯顿时，主事人问他一年要多少薪俸，他说五千差不多了。一年五千元是物理系刚毕业的学生的水准，主事人说："给你年俸五千，给别人就不好给了，请你为我们着想一下，还是勉强订年俸一万五千元吧。"

其实，爱因斯坦常忘了兑取支票，正如钓鱼者钓上鱼来，又抛入水中一样。他们从来就未考虑到这些琐事。

科学家不仅忘了薪俸的多寡，有时即使厚禄巨利的机会到来，在他们眼中，也淡如云烟。发明那个原子冲击器的劳伦斯，刚一发明时，有人说，他要申请专利，要比瓦特发的财大，但他只笑了笑，好像是说有那个申请专利的工夫，还不如多冲击几种

原子呢。

正因为有钓胜于鱼的观念作基础，所以不会产生向上爬的习惯，也不会产生学而优则仕的风气。每一个学者一旦发现了自己的兴趣所在，一直将此兴趣带到坟墓里，发明小儿麻痹症预防针的沙克，最近对人说："我所确知的是：科学家不是政治家。我不是明星，让我回到实验室去。"

然而，不是为鱼的钓者，却常常钓上大的鱼来。因为他终年在水滨，常有机遇到来，非如缘木而求鱼的"智者"，徒劳心力而已。

日已正午，老者的扁舟又悠悠划回来了，照例地提着他的两条小鱼，登上岸来向我笑了笑，并且说："我是为钓，不是为鱼。"

老者的背影消失在山坡的绿丛里，唯日光照去，他的发色与鱼的鳞色俱闪银光。

我在想："其实，人生不过是在并不幽静的水边空钓一场的玩笑，又哪儿来的鱼！"

（选自《寂寞的画廊》）

棋牌乐与胜负心

范小青

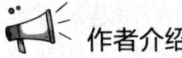作者介绍

范小青,作家。

代表作有《裤裆巷风流记》《老岸》《百日阳光》《赤脚医生万泉河》等。

在我最喜欢的金庸的一部武侠小说《天龙八部》中有一个叫作虚竹的小和尚,本来也是钝根之人,一次于无意之中化解了一道令许多武林高手呕心沥血无人能够参破的残局,后来自己也糊里糊涂地成了武林高手,一代大侠,又是某某前辈的传人,又是什么什么大派的掌门,又做成西夏国的驸马,总之种种好事都自己找上门来,真可谓可遇而不可求,这小和尚实在也是歪打正着,有福之人,在他破了残局之后,说了一些话,我对这话有十分的兴趣,这里抄录下来。

——楞严经云,摄心为戒,因戒生定,因定发慧。我等钝根

之人，难以摄心为戒，因此达摩祖师传下方便法门，教我们学武而摄心，也可由弈棋而摄心。学武讲究胜败，下棋也讲究胜败，恰和禅定之理相反，因此不论学武下棋，均须无胜败心。吃饭，行路之时，无胜败心极易，比武、下棋之时无胜败心极难。若在比武下棋之时能无胜负心那便是近道了。"法句经"有云：胜则生怨，败则自鄙，去胜负心，无净自安。我武功不佳，棋术低劣，和师兄弟比武下棋时，一向胜少负多，师傅反而赞我能不嗔不怒，胜败心甚轻……

无胜负心，无净自安，我曾经对此大为动心，心想若是我也能做到这一点，人生无怨无怨，岂不快哉，能把小和尚的这些话抄录在自己的本子上，也算是努力行动的一种罢，如一日果然近道，当是要好生感谢小和尚的。

无胜负心，固然了不起，但这是一种境界，一种理想，我等凡俗之人，哪是轻易能达到的呢。虽然我平时少与人争执是非曲直，心想是非曲直自在那里摆着，人眼是秤，事实为重，争也好，不争也好，不会因为争执了就有所改变，争得面红耳赤，气伤心怒伤肝又是何苦，不争也罢，所以就不争，心里也就不气不怒，觉得很是舒服。我不会下棋，虽然父亲和哥哥都迷围棋，水平怎样我不知道，反正他们碰上了总是谈论围棋，恐怕谈的水平比下的水平还要高一些，其实也不仅仅是我父亲我哥哥，别的下围棋的人我见得也不少，多半也是如此。如果围棋能有遗传倒是好事，我也愿意跟着说说，可惜没有这么好的事情。但是我有时候玩玩麻将，打打扑克也没有什么不好，于是就有了胜负心的考验，尽力去做第一步，胜不骄败不馁，胜了脸上平静如水，败了脸上一派坦然，大家说，你真是输得起赢得起，其实我心里暗笑，谁知道我赢的时候心花正怒放，输的时候情绪准不好，只是假假地作出一副胜负与我无关的样子罢了，一种形象罢。人哪能那么便易就超脱出来呀。

读梁实秋先生的小品《下棋》，梁先生说他最不喜欢和一种人下棋，那便是太有涵养的人，杀死他一大块，或是抽了他一个车，他神色自若，不动火，不生气，好像无关痛痒，使你觉得索然寡味。梁先生认为君子无所争，下棋却是要争的。梁先生并且写出了下棋中的种种有趣现象。读了梁先生的文章，能让人会心一笑，梁先生列举的种种现象，我想我们生活中的每个人也都是能够碰见的。先说我的父亲，年纪也是有一些了，好胜之心，却是有增无减，平日出门下棋，是输是赢，只需回来时看一看脸色便可知道，赢了必是神采飞扬，感觉良好，话也很多，输了则躲进自己房里，做什么，没有别的事，一边重摆棋谱，一边懊悔不迭。并且还有一个常规，若赢了，那是应该赢，以自己这样的水平怎么可能不赢；若输了，总是不该输的棋，明明是赢棋，明明自己的棋力远远高于对方，一着不慎才输的，所以才有后悔不迭，当然这也不是我父亲一个人的专利，我见过许多下棋的人都这样说，不这样说的人真是很少很少。逢到有正式比赛，更是紧张万分，每天出门先问我儿子讨口彩，今天外公是赢还是输，儿子若是说赢，定准是喜气洋洋，儿子若是说输，则脸上多云转阴，其实黄口孺子，信他作甚，这浅显之理却是不能明白。以这样强烈之胜负心，岂能下出好棋来。我也有朋友平时温文尔雅，谦谦君子，但是下起棋来或者打起牌来却是一点也不温和，针锋相对，旗鼓相当，下棋是寸土不让，打牌是一张不饶，也有女友平时细语轻言，打牌时却高音喇叭，也有气极之时发誓永不再打牌下棋，坐在一边冷眼看别人，但是不过三分来钟，早已把誓言抛到脑后，再番冲上阵去，杀将起来，重蹈覆辙，或者翻了棋盘撕了扑克，或者动起手来的，君子动口不动手，但到了此时，不动手已经不能解决问题，下棋打牌居然到了这样的地步，也算是强将高手了。我也见过赢得起输不起的，赢了一切正常，一输天下大乱，也有输得起却赢不起的，输了奋力抗争，倒也没有什么异样，最多闷声不响而已，赢了那副嘴脸就是另一回事情，看上去一口吞下地球是没有问题，脸也变得很生动很红润，嘴的水平也发挥到最佳，什么话到了嘴里就变得有滋有味，幽默无比，这完全是赢牌的缘故。

　　与他们的强烈的胜负之心和丰富的胜败之相相比，我的胜败心和胜败相则苍白得多了。虽然赢了也高兴，虽然输了也气闷，但从来没有强将高手们的水平，赢则赢罢，自己赢了，看看对方难过的样子，却是有点于心不忍，最好人人都是赢家，皆大欢喜；输则输罢，体会对方开心的味道，自己也会跟着开心，莫名其妙，没有立场，没有是非，中庸之道，也没有什么不好。

　　棋牌乐，许许多多的人到棋牌中去找乐，其实棋牌中的乐，也是各不相同的，有人找的乐就在棋子纸牌中，就在棋牌的胜负之中，那当然是要争个胜败高低的，也有的人却是找的棋子纸牌之外的乐，我的胜负心稍弱，我想恐怕和这一点多少有些关联。我的爱好麻将纸牌实在也算不上什么爱好，麻将一年打一到两次，一次是在春节期间，平时要好的朋友都是忙人，即使自己有空，也不好意思去约人家来，到了春节，再忙的人也有几天假过过，于是才能凑成一桌，再就是家里来了客人，有了搭子才摸一摸。真是说不上什么胜负心，麻将的特点和棋牌不大一样，它永远给你希望,永远给你机会,让你一次次失望,又一次次鼓起希望,麻将的乐也就在其中了,而并不是在于胜负之间。打扑克多半是外出开笔会的时候,文坛上的朋友,大凡神交的为多,难得有机会碰在一起,谈天说地,那是必然,再就是打牌了,这时候的打牌,我以为输赢实在是次要。打牌能打出了解和理解,打牌能打出友谊和友情,打牌能打出感情和爱情,打牌能打出智慧和学识,打牌能打出许许多多的内容,远远超出胜负二字,未必有意为之,但确实会有收获。

大家都希望从棋牌中找乐,但是并非只有赢才能有乐,像我打牌,总是输多赢少,我也觉得很乐,并且永远没有长进,没有记性,不会吸取教训,也不懂得总结经验。如果是打对家牌,我的对家必是要批评我的,也弄不明白我为什么老不长进,以我的想法,打牌也和这世界上许多事情一样,如果个个都是厉害的角色,世界岂不要失去平衡。

我喜欢赢,但是输了也不要紧。我的乐就在其中。

(选自《花开花落的季节——范小青随笔》)

中国式悠闲

罗 兰

作者介绍

罗兰,中国台湾作家。

著有《罗兰小语》《罗兰散文》以及部分书信体文集和论文集等。

见芳草
映萍芜
听松风
响寒芦
我则见
落照渔村
水接天隅
见一簇
帆归远浦

> 他每都是些
> 不识字的慵懒渔夫
> ——沈 和

如果你在壁上悬挂这样一张横幅，当你偶然坐下来喝杯茶，一面无意间抬头读到它的时候，你会感到自己在这一瞬间是安全地降落，可以舒一口气，清凉一下了。

安闲感的产生，是因为发现生活可以降落到一个最单纯的起点。对于终日紧张的现代人来说，"落照渔村""帆归远浦"的画面是一副有效的清凉剂。它可以告诉你，人生不必是那么复杂的事，虽然在实际上，你总是不得不奔忙。但在灵魂的深处，如果能保存这一点小小的空间，有"落照渔村，水接天隅"的空阔，和"不识字的慵懒渔夫"的原始感，那就是你精神上的一付"降压剂"，霎时间，你抛下了千百种的疑虑，找回了本真。

如果你问，传统中国人的生活趣味，和现代人有什么最大的不同？我想，其中之一大概是对"忙与闲"的看法之不同了。

近年来，常见学到了西方皮毛的知识分子提醒同胞，"你不要说你近来不忙，因为那会显得你没有苗头，被冷落。"我觉得，这是使我们近年来有很多人变成"无事忙"的重要原因。

中国人在基本上不喜欢"无事忙"。相反的，中国人越是事业上有成，越是书念得多的人，越使人觉得他悠闲。

这悠闲者的具体象征可以从评剧舞台上看到。舞台上的名儒、名将以至于为官退休或从商致富的员外，他们无论文武，都穿厚厚的粉底官靴，手中多半还拿把扇子。这样的造型，使他们走起路迈着方步，手摇折扇的动作是一派悠闲。

戏台上的角色是经过了着意的刻画,以使他们具有"一望而知"的典型性格。这些迈方步、手摇折扇的人物,代表着中国传统文武官员在人们心中应有的形象。"成功者"应该是从不忙乱,也不紧张,永远神闲气定的。

文人如此,一流的武将也如此。

岳飞走方步,关公不但走方步,连眼睛都不轻易张开。诸葛亮是军师,当然更是"泰山崩于前而面不改色",街亭失守,挥泪斩了马谡,仍然潇潇洒洒地"唱"完了空城计,赢得观众们永远的喝彩。

中国式的成功者,无论文武官商,都以这样的典型出现。如果忽然有一个摇折扇、穿官靴的人脚步踉跄,摇扇子的节奏紊乱,那说明这个人"乱了方寸","大事不好",多半的剧情是,真正的大事不好了。

现实生活中的传统中国人也是如此。

饱读诗书的"成功者"们,都不会是"匆匆忙忙"的。"镇定从容"是中国人很崇尚的一种气质。因此,他们自幼就被朝这个方向训练。无论心里多么惶急,表现于外的都应该是"神闲气定"。

也就因为对这样一种气质的追求,中国人不大喜欢强调自己"忙",因为那会使人觉得他是"心劳力绌",不能应付裕如,所以才忙不过来了。相反,如果他能够在悠闲中有效率,那才表示他对工作是何等的应付裕如。关公的"温酒斩华雄"之所以令人传诵就是这样的一例。中国武将或军师所讲求的是"谈笑用兵",才显得出"艺高人胆大"。

所以,这种中国式的悠闲绝非懒散,而是一种高超。

《空城计》中有名的一段唱腔，诸葛亮自述：

"我本是，卧龙岗，散淡的人……"

掌声就由此引起。不仅是因为那老生唱得好，而是大家神往这"散淡"而能运筹帷幄、匡扶社稷的人。

司马懿大兵掩至，诸葛亮设空城计退敌，何等紧张！而他唱的却是：

"我正在城楼观山景，忽听得人马乱纷纷……"

镇定从容，一至于此。这是中国人最诚服的一种气质了。

《幽梦影》的作者张潮有警句说：

"人莫乐于闲，非无所事事之闲也。闲则能读书，闲则能交益友，闲则能饮酒，闲则能著书。天下之乐，孰大于是？"

我们远可以加上两句，"闲则能深谋远虑，制敌机先，""闲则能了解商情远景，未雨绸缪，早为之计。"

文化，是悠闲的产物。也唯有在适当文化的陶融之下，人们才懂得什么是忙中之闲，所以张潮又说：

"能闲世人之所忙者，方能忙世人之所闲。"

"闲世人之所忙"，是一种"众醉独醒"的冷静，不盲目追赶跟从。因为能够冷眼旁观，所以能在众人所盲目奔逐的事物之外。看出被众人所忽略而实际却具有重要意义的该忙之事，去贡献一己之力，而有所建树。

"悠闲"的形成，有儒家的镇定，也有道家的飘潇。所追求的都是一种更深远、更宽广的精神内涵，使人不以小成而沾沾自喜；不以小败而不可终日。是先把一个人的胸襟扩展到尽可能的大，使他能够容纳一切的纷扰，包容一切的起伏，而不致举措失常。

经典分层阅读

"从容"二字是一种"见得了大场面"的风范,能够"不忙"而有效率,是更高一层的境界。为了表示自己能达到这境界,所以传统中国人并不把"忙"当作冠冕,而把"闲"看为是有修养的标志。

"悠闲"有它积极和消极的两面作用。

积极的作用是,以逸待劳,从事情的核心去着手而奏功。消极的作用是,它常使人得到精神上的疏解,了悟到无谓营求,紧张奔逐之大智。能欣赏自己少量的拥有,而有闲情放眼广大的世界。不必为自己所拥有,而等于自己所拥有。陆游的诗句说得好:

> 轻舟八尺
> 低篷三扇
> 占断蘋州烟雨
> 镜湖元自属闲人
> 又何必官家赐与

可不是吗?又何必一定要弄到所有权状,让自己既要费力经营,又要承担税赋呢?

"无多别业供王税,大半生涯在钓船",是一种知足之足。一个人能抛开为让自己拥有大量资财而去奔走竞逐的念头之后,心头就可以清凉了。

也唯有当心头清凉的时候,智慧才可以出现。这时才会有高瞻远瞩的眼光,造福天下的胸襟,放开个人的患得患失,于是心情悠闲而步伐稳定。

许多真正伟大的事业是由此而起步，由此而成功。

我国古来知识分子把大自然格外美化，把农村生活的美也加以艺术处理，虽然夸大一些，但他们的目的，一是勿忘农村，二是勿忘大自然，使人不致迷于名利而扭曲了生命的价值。

《济公传》里有一首山歌，希望你也和我一样地喜欢它："茅屋青山绿水边，往来年久自相便，数株红白桃李树，一片青黄菜麦田。竹榻夜移听雨坐，纸窗晴启看云眠。人生无事清闲好，得到清闲岂偶然。"

清闲不是懒散。它是由于日常的勤勉，脚踏实地，无愧于心，而得来的心情上的海阔天空。

所谓知足，并非不思进取，而是在努力耕耘之下不奢望，不贪欲。所谓欣赏，也不是无所事事，袖手旁观，而是对美好事物的一份重视和感激之情。由于知道自己是在认真地生活而产生的一种无愧于心的坦然，因而有余情去赞美世界。

（选自《罗兰小语·从小桥流水说起》）

贝多芬百年祭

[英]乔治·萧伯纳 著 周珏良 译

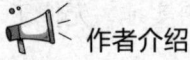 **作者介绍**

乔治·萧伯纳,英国现代现实主义戏剧作家。代表作有《华伦夫人的职业》《匹克梅梁》《圣女贞德》等。本文介绍了贝多芬的为人、音乐创作特色及对后世的影响,突出了贝多芬及其作品的反抗精神,是一篇优秀的人物评论和音乐评论。

一百年前,一位虽听得见雷声但已聋得听不见大型交响乐队演奏自己的乐曲的五十七岁的倔强的单身老人最后一次举拳向着咆哮的天空,然后逝去了,还是和他生前一直那样地唐突神灵,蔑视天地。他是反抗性的化身;他甚至在街上遇上一位大公和他的随从时也总不免把帽子向下按得紧紧的,然后从他们正中间大踏步地直穿而过。他有一架不听话的蒸汽轧路机的风度(大多数轧路机还恭顺地听使唤和不那么调皮呢）；他穿衣服之不讲究尤甚于田间的稻草人：事实上有一次他竟被当作流浪汉给抓了起来，因为警察不肯相信穿得这样破破烂烂的人竟会是一位大作曲家，更不能相信这副躯体竟能容得下纯音响世界最奔腾澎湃的灵魂。他的灵魂是伟大的；但是如果我使用了最伟大的这种字眼，那就是说比韩德尔的灵魂还要伟大，贝多芬自己就会责怪我，而且谁又能自负为灵魂比巴赫的还伟大呢？但是说贝多芬的灵魂是最奔腾澎湃的那可没有一点问题。他的狂风怒涛一般的力量他自己能很容易控制住，可是常常并不愿去控制，这个和他狂呼大笑的滑稽诙谐之处是在别的作曲家作品里都找不到的。毛头小伙子们现在一提起切分音就好像是一种使音乐节奏成为最强而有力的新方法；但是在听过贝多芬的第三里昂诺拉前奏曲之后，最狂热的爵士乐听起来也像"少女的祈祷"那样温和了，可以肯定地说我听过的任何黑人的集体狂欢都不会像贝多芬的第七交响乐最后的乐章那样可以引起最黑最黑的舞蹈家拼了命地跳下去，而也没有另外哪一个作曲家可以先以他的乐曲的阴柔之美使得听众完全融化在缠绵悱恻的境界里，而后突然以铜号的猛烈声音吹向他们，带着嘲讽似的使他们觉得自己是真傻。除了贝多芬之外谁也管不住贝多芬；而疯劲上来之后，他总有意不去管住自己，于是也就成为管不住的了。

　　这样奔腾澎湃，这种有意的散乱无章，这种嘲讽，这样无顾忌的骄纵的不理睬传统的风尚——这些就是使得贝多芬不同于十七和十八世纪谨守法度的其他音乐人天才的地方。他是造成法国革命的精神风暴中的一个巨浪。他不认任何人为师，他同行里的先辈莫扎特从小起就是梳洗干净，穿着华丽，在王公贵族面前举止大方的。莫扎特小时候曾为了蓬巴杜夫人发脾气说:"这个女人是谁,也不来亲亲我,连皇后都亲我呢。"这种事在贝多芬是不可想象的,因为甚至在他已老到像一头苍熊时,他仍然是一只未经驯服的熊崽子。莫扎特天性文雅,与当时的传统和社会很合拍,但也有灵魂的孤独。莫扎特和格鲁克之文雅就犹如路易十四宫廷之文雅。海顿之文雅就犹如他同时的最有教养的乡绅之文雅。和他们比起来,从社会地位上说贝多芬就是个不羁的艺术家,一个不穿紧腿裤的激进共和主义者。海顿从不知道什么是嫉妒,曾称呼比他年轻的莫扎特是有史以来最伟大的作曲家,可他就是吃不消贝多芬。莫扎特是更有远见的,他听了贝多芬的演奏后说,"有一天他是要出名的",但是即使莫扎特活得长些,这两个人恐也难以相处下去。贝多芬对莫扎特有一种出于道德原因的恐怖。莫扎特在他的音乐中给贵族中的浪子唐璜加上了一圈迷人的圣光,然后像一个天生的戏剧家那样运用道德的灵活性又回过来给莎拉斯特罗加上了神人的光辉,给他口中的歌词谱上了前所未有的就是出自上帝口中都不会显得不相称的乐调。

贝多芬不是戏剧家,赋予道德以灵活性对他来说就是一种可厌恶的玩世不恭。他仍然认为莫扎特是大师中的大师(这不是一顶空洞的高帽子,它的的确确就是说莫扎特是个为作曲家们欣赏的作曲家,而远远不是流行作曲家);可是他是穿紧腿裤的宫廷侍从,而贝多芬却是个穿散腿裤的激进共和主义者;同样的,海顿也是穿传统制服的侍从。在贝多芬和他们之间隔着一场法国大革命,划分开了十八世纪和十九世纪。但对贝多芬来说莫扎特可不如海顿,因为他把道德当儿戏,用迷人的音乐把罪恶谱成了像德行那样奇妙。如同每一个真正激进共和主义者都具有的,贝多芬身上的清教徒性格使他反对莫扎特，固然莫扎特曾向他启示了十九世纪音乐的各种创新的可能。因此贝多芬上溯到韩德尔，一位和贝多芬同样倔强的老单身汉，把他作为英雄。韩德尔瞧不上莫扎特崇拜的英雄格鲁克，虽然在韩德尔的《弥赛亚》里的田园乐是极为接近格鲁克在他的歌剧《奥菲阿》里那些向我们展示出天堂的原野的各个场面的。

  因为有了无线电广播，成百万对音乐还接触不多的人在他百年祭的今年将第一次听到贝多芬的音乐。充满着照例不加选择地加在大音乐家身上的颂扬话的成百篇的纪念文章将使人们抱有通常少有的期望。像贝多芬同时的人一样，虽然他们可以懂得格鲁克和海顿和莫扎特，但从贝多芬那里得到的不但是一种使他们困惑不解的意想不到的音乐，而且有时候简直是听不出是音乐的由管弦乐器发出来的杂乱音响。要解释这也不难。十八世纪的音乐都是舞蹈音乐。舞蹈是由动作起来令人愉快的步子组成的对称样式；舞蹈音乐是不跳舞也听起来令人愉快的由声音组成的对称的样式。因此这些乐式虽然起初不过是像棋盘那样简单，但被展开了，复杂化了，用和声丰富起来了，最后变得类似波斯地毯，而设计像波斯地毯那种乐式的作曲家也就不再期望人们跟着这种音乐跳舞了。要有神巫打旋子的本领才能跟着莫扎特的交响乐跳舞。有一回我还真请了两位训练有素的青年舞蹈家跟着莫扎特的一阕前奏曲跳了一次，结果差点没把他们累垮了。就是音乐上原来使用的有关舞蹈的名词也慢慢地不用了，人们不再使用包括萨拉班德舞、巴万宫廷舞、加伏特舞和快步舞等等在内的组曲形式，而把自己的音乐创作表现为奏鸣曲和交响乐，里面所包含的各部分也干脆叫作乐章，每一章都用意大利文记上速度，如快板、柔板、谐谑曲板、急板等等。但在任何时候，从巴赫的序曲到莫扎特的《天神交响乐》，音乐总呈现出一种对称的音响样式给我们以一种舞蹈的乐趣来作为乐曲的形式和基础。

可是音乐的作用并不止于创造悦耳的乐式。它还能表达感情。你能去津津有味地欣赏一张波斯地毯或者听一曲巴赫的序曲，但乐趣只止于此；可是你听了《唐璜》前奏曲之后却不可能不发生一种复杂的心情，它使你心理有准备去面对将淹没那种精致但又是魔鬼式的欢乐的一场可怖的末日悲剧；听莫扎特的《天神交响乐》最后一章时你会觉得那和贝多芬的第七交响乐的最后乐章一样，都是狂欢的音乐；它用响亮的鼓声奏出如醉如狂的旋律，而从头到尾又交织着一开始就有的具有一种不寻常的悲伤之美的乐调，因之更加沁人心脾。莫扎特的这一乐章又自始至终是乐式设计的杰作。

但是贝多芬所做到了的一点，也是使得某些与他同时的伟人不得不把他当作一个疯人，有时清醒就出些洋相或者显示出格调不高的一点，在于他把音乐完全用作了表现心情的手段，并且完全不把设计乐式本身作为目的。不错，他一生非常保守地（顺便说一句，这也是激进共和主义者的特点）使用着旧的乐式；但是他加给它们以惊人的活力和激情，包括产生于思想高度的那种最高的激情，使得产生于感觉的激情显得仅仅是感官上的享受，于是他不仅打乱了旧乐式的对称，而且常常使人听不出在感情的风暴之下竟还有什么样式存在着了。他的《英雄交响乐》一开始使用了一个乐式（这是从莫扎特幼年时一个前奏曲里借来的），跟着又用了另外几个很漂亮的乐式；这些乐式被赋予了巨大的内在力量，所以到了乐章的中段，这些乐式就全被不客气地打散了；

于是，从只追求乐式的音乐家看来，贝多芬是发了疯了，他抛出了同时使用音阶上所有单音的可怕的和弦。他这么做只是因为他觉得非如此不可，而且还要求你也觉得非如此不可呢。

以上就是贝多芬之谜的全部。他有能力设计最好的乐式；他能写出使你终身享受不尽的美丽的乐曲；他能挑出那些最干燥无味的旋律，把它们展开得那样引人，使你听上一百次也每回都能发现新东西：一句话，你可以拿所有用来形容以乐式见长的作曲家的话来形容他；但是他的病症，也就是不同于别人之处在于他那激动人的品质，他能使我们激动，并把他那奔放的感情笼罩着我们。当柏辽兹听到一位法国作曲家因为贝多芬的音乐使他听了很不舒服而说"我爱听了能使我入睡的音乐"时，他非常生气。贝多芬的音乐是使你清醒的音乐；而当你想独自一个静一会儿的时候，你就怕听他的音乐。

懂了这个，你就从十八世纪前进了一步，也从旧式的跳舞乐队前进了一步（爵士乐，附带说一句，就是贝多芬化了的老式跳舞乐队），不但能懂得贝多芬的音乐而且也能懂得贝多芬以后的最有深度的音乐了。

（选自《品外国散文》）

《宽容》序言

[美]亨德里克·房龙 著 连 伟 靳翠微 译

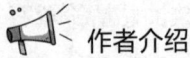作者介绍

亨德里克·房龙，美国作家、历史地理学家。

代表作有《荷兰共和国的衰亡》《荷兰航海家宝典》等。

在宁静的无知山谷里，人们过着幸福的生活。

永恒的山脉向东西南北各个方向蜿蜒绵亘。

知识的小溪沿着深邃破败的溪谷缓缓地流着。

它发源于昔日的荒山。

它消失在未来的沼泽。

这条小溪并不像江河那样波澜滚滚，但对于需求浅薄的村民来说，已经绰有余裕。

晚上，村民们饮毕牲口，灌满木桶，便心满意足地坐下来，尽享天伦之乐。

守旧的老人们被搀扶出来，他们在荫凉角落里度过了整个白

天，对着一本神秘莫测的古书苦思冥想。

他们向儿孙们叨唠着古怪的字眼，可是孩子们却惦记着玩耍从远方捎来的漂亮石子。

这些字眼的含意往往模糊不清。

不过，它们是一千年前由一个已不为人所知的部族写下的，因此神圣而不可亵渎。

在无知山谷里，古老的东西总是受到尊敬。

谁否认祖先的智慧，谁就会遭到正人君子的冷落。

所以，大家都和睦相处。

日月流逝，年复一年。

在宁静的无知山谷里，人们过着幸福的生活。

外面是一片漆黑，一个人正在爬行。

他手上的指甲已经磨破。

他的脚上缠着破布，布上浸透着长途跋涉留下的鲜血。

他跌跌撞撞来到附近一间草房，敲了敲门。

接着他昏了过去。借着颤动的烛光，他被抬上一张吊床。

到了早晨，全村都已知道："他回来了。"

邻居们站在他的周围，摇着头。他们明白，这样的结局是注定的。

对于敢于离开山脚的人，等待他的是屈服和失败。

在村子的一角，守旧老人们摇着头，低声倾吐着恶狠狠的词句。

他们并不是天性残忍，但律法毕竟是律法。他违背了守旧老人的意愿，犯了弥天大罪。

他的伤一旦治愈，就必须接受审判。

守旧老人本想宽大为怀。

他们没有忘记他母亲的那双奇异闪亮的眸子，也回忆起他父亲三十年前在沙漠里失踪的悲剧。

不过，律法毕竟是律法，必须遵守。

守旧老人是它的执行者。

守旧老人把漫游者抬到集市区，人们毕恭毕敬地站在周围，鸦雀无声。

漫游者由于饥渴，身体还很衰弱。老者让他坐下。

他拒绝了。

他们命令他闭嘴。

但他偏要说话。

他把脊背转向老者，两眼搜寻着不久以前还与他志同道合的人。

"听我说吧，"他恳求道，"听我说，大家都高兴起来吧！我刚从山的那边来。我的脚踏上了新鲜的土地，我的手感觉到了其他民族的抚摸，我的眼睛看到了奇妙的景象。

"小时候，我的世界只是父亲的花园。

"早在创世的时候，花园东面、南面、西面和北面的疆界就定下来了。

"只要我问疆界那边藏着什么，大家就不住地摇头，一片嘘声。可我偏要刨根问底，于是他们把我带到这块岩石上，让我看那些敢于蔑视上帝的人的嶙嶙白骨。

"'骗人！上帝喜欢勇敢的人！'我喊道。于是，守旧老人走过来，对我读起他们的圣书。他们说，上帝的旨意已经决定了天上人间万物的命运。山谷是我们的，由我们掌管，野兽和花朵，果实和鱼虾，都是我们的，按我们的旨意行事。但山是上帝的。对山那边的事物我们应该一无所知，直到世界的末日。

"他们是在撒谎。他们欺骗了我，就像欺骗了你们一样。

"那边的山上有牧场，牧草同样肥沃，男男女女有同样的血肉，城市是经过一千年能工巧匠细心雕琢的，光彩夺目。

"我已经找到一条通往更美好的家园的大道，我已经看到幸福生活的曙光。跟我来吧，我带你们奔向那里。上帝的笑容不只是在这儿，也在其他地方。"

他停住了，人群里发出一声恐怖的吼叫。

"亵渎，这是对神圣的亵渎。"守旧老人叫喊着，"给他的罪行以应有的惩罚吧！他已经丧失理智，胆敢嘲弄一千年前定下的律法。他死有余辜！"

人们举起了沉重的石块。

人们杀死了这个漫游者。

人们把他的尸体扔到山崖脚下，借以警告敢于怀疑祖先智慧的人，杀一儆百。

没过多久，爆发了一场特大干旱。潺潺的知识小溪枯竭了，牲畜因干渴而死去，粮食在田野里枯萎，无知山谷里饥声遍野。

不过，守旧老人们并没有灰心。他们预言说，一切都会转危为安，至少那些最神圣的篇章是这样写的。

况且，他们已经很老了，只要一点食物就足够了。

冬天降临了。

村庄里空荡荡的，人稀烟少。

半数以上的人由于饥寒交迫已经离开人世。

活着的人把唯一希望寄托在山脉那边。

但是律法却说:"不行!"

律法必须遵守。

一天夜里,爆发了叛乱。

失望把勇气赋予那些由于恐惧而逆来顺受的人们。

守旧老人们无力地抗争着。

他们诅咒孩子们忘恩负义。不过,最后一辆马车驶出村子时,他们叫住了车夫,强迫他把他们带走。

这样,投奔陌生世界的旅程开始了。

离那个漫游者回来的时间,已经过了很多年,所以要找到他开辟的道路并非易事。

成千上万人死了,人们踏着他们的尸骨,才找到第一座用石子堆起的路标。

此后,旅程中的磨难少了一些。

那个细心的先驱者已经在丛林和无际的荒野乱石中用火烧出了一条宽敞大道。

它一步一步把人们引到新世界的绿色牧场。

大家相视无言。

"归根结底他是对了,"人们说道。"他对了,守旧老人错了……"

"他讲的是实话,守旧老人撒了谎……"

几年以后,人们建起了一座新大厦,作为智慧老人的住宅,并准备把勇敢先驱者的遗骨埋在里面。

一支肃穆的队伍回到了早已荒无人烟的山谷。但是,山脚下空空如也,先驱者的尸首荡然无存。

人们把一块小石头放在先驱者足迹的尽头(现在那已是一条

大道），石头上刻着先驱者的名字，一个首先向未知世界的黑暗和恐怖挑战的人的名字，他把人们引向了新的自由。

石上还写明，它是由前来感恩朝礼的后代所建。

这样的事情发生在过去，也发生在现在，不过将来（我们希望）这样的事不再发生了。

（选自《宽容》）

《草叶集》初版序言

[美] 沃尔特·惠特曼 著　楚图南　李野光 译

  作者介绍

沃尔特·惠特曼，美国著名诗人。
代表作有《草叶集》等。

美国不排斥以往或过去以各种形式或在别的政治结构或等级观念或古老宗教中所产生的东西……冷静地接受教益……并不像人们设想的那样，由于那个供应了它的需要的生命已经转化为新形态的生命但死肉仍然附着在思想、风习、文学之上而感到急不可耐……懂得尸体只能慢慢地从住宅的饭厅和卧室里抬走……懂得它还要在室内停留一会儿……它曾经是适合于它的时代的……它的事业已经传递给那位走上前来的强壮而漂亮的继承者……而他将是最适合于他的时代的。

在世界上古往今来的一切民族中美国人是具有最充分的诗人气质的。合众国本身实质上就是一首伟大的诗。在迄今为止的世界历史上，那些最大和最生动的东西，与合众国的更加巨大和更加生动相比，便显得驯顺而守规矩了。在人类的活动中，如今这里终于出现了与昼夜所传播的活动相当的东西。这里不仅是一个民族，而且是由多民族融为一体的民族。这里有了一种从某些必然不分特点和细则的束缚中解放出来了的事业，在广大群众中声势浩大地进行。这里有了一种永远象征英雄人物的慷慨气度。这里有灵魂所喜爱的粗人和大胡子，以及空旷、崎岖和冷漠。在这里，对于它的群众和集团的惊人的鲁莽作风所不屑为的小事的鄙视，以及它奔向前景的劲头，正以汹涌的气势展开，到处是一片繁盛丰饶的气象。你看它一定要占有那一年四季的财富，永远也不会破产，只要地里长出庄稼，果园落下苹果，或者海湾生产鱼虾，男人能让妇女怀上孩子就行了。

别的国家通过它们的代表来显示自己……但是合众国的天才表现得最好最突出的不在行政和立法方面，也不在大使或作家，高等学校或教堂、客厅，乃至它的报纸或发明家……而是常常最突出地表现在普通人民中间。他们的礼貌、言谈、衣着、友谊——他们容貌的清新和开朗——他们那多姿多彩而散漫不羁的风度……他们对自由的毫不松懈的执着——他们对任何不雅或软弱卑鄙的东西的反感—— 一个州的公民所受到的其他各州公民的实际承认——他们被激起的强烈愤恨——他们对于新事物的好奇心和欢迎——他们的自尊感和惊人的同情心——他们对于一种蔑视的敏感——他们所具有的那种从来不知道站在大人物面前是什么滋味的人的神态——他们的言语的流利——他们对音乐的爱好，男性的温柔和灵魂的固有美德的可靠特征……他们那温良的性情和慷慨——他们的选举的极为重大的意义——是总统对他们而不是他们对总统表示的尊敬——这些也是不押韵的诗。它等待着与它相称的大手笔来充分描写。

大自然和国家的广大如果没有一种渊博和大度的公民精神与之相适应,那就显得荒谬了。无论是大自然或富庶的各州,或者街道、轮船,发达的商业或农场,资金或学问,都不可能满足人的理想……诗人也满足不了。一个生气勃勃的国家常常能够留下深刻的印记,能够以最低的代价获得最高的威信……即从他自己的灵魂。这就是对个人或国家、对当前事业和壮观以及对诗人们的题材的有益利用的总和。——仿佛还有必要一代一代地回溯东方的历史呢!仿佛那些可以论证的东西之神圣的美一定不如那些神话中的事物之美呢!仿佛人们不是从哪个时代都可以出名呢!仿佛西大陆由于它的被发现而出现的开端,以及北美和南美迄今已发生的一切,比古代的小小剧场或中世纪茫无目的的梦游还不如呢!合众国的骄傲把城市的财富和技术、商业与农业的全部收益、幅员的广大或外表上取得的胜利留下来,去培育和欣赏那些完全长大了的人或一个完全长大了的、不可征服而又单纯的人物。

美国诗人们要总揽新旧,因为美利坚是一个多民族的民族。作为它们的一个诗人要同这整个民族相称才行。对他来说,别的大陆是作为贡物而来的……他是为了它们也为了他自己而接待它们。他的精神与他的国家的精神相适应……他体现它的地理和自然生活以及湖泊与河流。密西西比河每年的泛滥和多变的急流,密苏里河、哥伦比亚河、俄亥俄河、多瀑布的圣劳伦斯河,以及美丽雄伟的赫德森河,它们注入海洋,也同样流入他的心里。绵亘于弗吉尼亚和马里兰内海之上以及马萨诸塞和缅因州附近的海上，以及曼哈顿海湾上，查普林湖和伊利湖上，安大略湖、休伦湖、密执安湖和苏必利尔湖上，以及得克萨斯的、墨西哥的、佛罗里达的和古巴的海上，以及加利福尼亚和俄勒冈附近的海上的那蔚蓝的一片，就像它与下面那片浩渺的海水相吻合那样，他也与那上下一片相吻合。当大西洋沿岸向前延伸、太平洋沿岸向前延伸时，他也很便当地同它们一起向北或向南延伸。他也从东到西跨越于它们之间，并且反映着它们之间的一切。一些坚实的生长物在他身上生长起来了，它们抵得上那些松树、雪松、铁杉、槲树、三羊槐、栗树、柏树、山核桃树、酸橙树、三角叶杨、鹅掌楸、仙人掌、野葡萄树、罗望子树、柿子树……以及像任何藤丛或沼泽那样纠缠在一起的缠结物……以及披盖着透明的冰和垂挂在枝头的冰凌、在风中锵锵作响的森林……山岳的腰部和顶峰……像无树平原或高地或大草原那样芬芳而坦荡的牧场……到处是飞翔、歌唱和尖叫的声音，与野鸽、啄木鸟、果园黄鹂、大鹮、浪鸭、红肩鹰、鱼鹰、白鹭、印度雌鸡、猫头鹰、水雉、牢狱鸟、杂色雄鸭、乌鸫、模仿鸟、鹈鹕、秃鹰、夜鹭和鹰隼相应答。留传给他的有来自父母两方的世袭的面貌。进入到他体内的有现实的东西以及过去和今天的事件的本质——有气候和农矿产品的巨大多样性——土著的红种部落——进入新的港湾或在岩石海滨靠岸的久历风雨的船只——北部或南部的第一批殖民地——迅敏矫健的身躯和肌肉——一七七六年的傲慢的反抗，战争、和平以及宪法的制订，经常被饶舌者所包围但保持冷静而坚定的联邦——不断到来的移民——码头密布的城市和优良的船舶——尚未测量过的内部——圆木房子和林中空地，野兽、猎人和捕兽者……自由贸易——渔业、捕鲸业和淘金业——不断地孕育着的

《草叶集》初版序言

新州——每年十二月召开的国会,准时从各个区域和最远的地方前来报到的议员……青年机械工和整个自由美国的男工和女工的高贵品质……普遍的热情、友爱和事业心——女性与男性的完全平等……强烈的爱欲——人口流水般的运动——工厂和贸易活动以及省力的机器——新英格兰人的交易——纽约消防队员和打靶远足——南部种植园生活——东南部的、西北部的和西南部的特性——蓄奴制及其胆小而贪婪的卫护者,在它停止以前,或在舌头停止说话、嘴唇停止动作以前绝对不会停止的坚定的反对派。对于上述这些,美国诗人的表达将是卓越而新颖的。那将是间接而不是直接的或叙述式和史诗式的。它的性质贯穿于这些之中,并涉及大得多的范围。让别的国家的时代和战争由人们去歌唱,让它们的纪元和人物得到描述并这样了结它们的诗歌吧。可是共和国的伟大的圣歌不是这样。在这里,主题是创造性的,并且具有远景。这里,在那些受人们钟爱的石匠中出现了这样一个人,他果断而科学地设计,并在今天没有竖立石碑之处看见了未来的坚实而美丽的丰碑。

在世界各国中,其血管充满着新的素质的合众国最需要诗人,而且无疑将拥有最伟大的诗人并最大地发挥他们的作用。他们的总统还不如他们的诗人那样能成为共同的公断人。伟大的诗人是整个人类中最稳定公平的人。事物不是在他身上而是离开了他时才会变得怪诞、偏执或神志不清。任何本身出了毛病的东西都不会是好的,任何本身正常的东西都不会是坏的。他不多不少地赋予每个物体或每种质量以适当的比例。他是种种差异的仲裁人,他是关键。他使他的时代和国家彼此平衡……他供给那种需要供给的,他抵制那种需要抵制的。如果是在和平年代,就通过他表达出和平的精神,即宽大、充裕、节俭,建设规模宏大和人口众多的城市,鼓励农业、艺术和商业——照亮对于人、灵魂和不朽的研究——联邦的、州的或市的政府,婚姻、健康、自由贸易、水陆交往……没有什么太近,也没有什么太远……星球并不是离得太远的。在战时,他是最凶狠的战斗力。谁要是征募他,就是征募骑兵和步兵……他会拿来迄今最优良的成批的大炮。如果时代变得懒散而沉闷了,他知道怎样去唤醒它……他能用自己所说的每句话去鼓舞勇气。在平庸的旧习、恭顺和成规的羁縻下,无论什么趋于停滞,他绝不停滞。恭顺不能支配他,但他支配恭顺。他站在高不可及的地方扭开一盏聚光灯……他用手指转动枢纽……他能随时轻易地赶上和包围那些最快的奔跑者,把他们击败。世风日下,渐渐沦于背信、阿谀和挖苦,但他凭自己的坚定信念屹立不移……他摆出自己的菜肴……他提供可以增强男人和女人的味美而富营养的肉食。他的脑子是最好的脑子。他不是辩论家……他是裁判。他不是作为一个法官倒是像笼罩于一个无助者周身的阳光那样进行裁判。由于他看得最远,他有最大的信念。他的思想是事物美德的圣歌。离开了他的平等立场来侈谈灵魂、永恒和上帝,他是不发言的。在他看来,永恒并不那么像一出有头有尾的戏剧……他在男人和女人身上看到永恒……他不把男人和女人看得如梦一般虚幻或微不足道。信念是灵魂的防腐剂……它渗透于老百姓中并保护他们……他们从不放弃信仰、期待和信任。一个无知者能够鄙视和愚弄一个最高贵的艺术天才,这显示了前者那难以形容的幼稚和无意识状态。诗人能确切地看出,一个并非大艺术家的人也完全可以像最大的艺术家那样神圣而完美……他随意运用那种毁灭和改造的能力,但从不运用进攻

的才能。凡属过去了的终归是过去了。如果他不显露优越的典范并以他所采取的每个步骤来证明自己,他就不合乎需要了。最伟大诗人的存在所要战胜的……不是会谈、斗争或任何准备好的意图。他从那条路走过去了,你从背后看他吧!没有留下绝望、厌世、狡诈、排他、种族或肤色之耻,对地狱的幻灭或肯定的一点点痕迹……从今以后再不会有人因无知或缺点或罪过而受贬抑了。

(选自《草叶集》)

海 关

——《红字》前言

[美]霍 桑 著 苏福忠 译

📢 作者介绍

霍桑,美国小说家。

代表作有《红字》等。

　　想来有点异常——尽管不喜欢在炉边谈论我自己和我的身世——一种很想说说自己身世的情绪在我一生中竟然两次让我违反意愿,在公众面前开了口。第一次是三四年前发生的,那次我讲给读者听——没法原谅,也没有世俗的理由,迁就的读者想象不到,冒昧的作者也想象不出来——把我在一所"老宅"极为清静的生活方式讲了出来。现在呢——因为,承蒙错爱,我很高兴发现了一两个过去听过我讲身世的读者——我再次主动与公众攀谈,把我在海关的三年经历讲一讲。《本教区牧师》这样著名的例子,再也没有人亦步亦趋地效仿了。不过,真实情况好像是，在作者把他所写的东西交付社会公论时，他交谈的对象不是把他的书搁置一旁，或者从来不动它的多数人，而是理解他的少数人，甚至比多数他的同学或者同伴还理解他。有些作者，确实，比这做得更多，就是要把适合写出来的东西写到交心的暴露深度，哪怕只是专门写给一颗完全共鸣的心灵都会乐此不疲；仿佛印制出来的书，完全洒脱地交付广大的世界，自然应该看得见作者自己本性的支离破碎的部分，等拿他和书中的内容融会贯通后，才能把他生活的圆圈再画圆了。然而，说实话，这很难做得礼数周到，哪怕我们讲述得不偏不倚的地方也难做到。但是，因为思想冻结，语言麻木，只有讲话者和他的听众处于某种真实的关系，才可以理所当然地想象一个朋友，一个友善而聪颖的朋友，尽管算不上莫逆之交，却会一直在聆听我们的谈话；这时候，因为这种亲切的意识在化解我们天生的矜持，我们便可以把我们周围的环境娓娓道来，甚至谈起我们自己也如数家珍，不过还是继续把那个最隐秘的"我"藏在面纱后边。到了这一步，在这些界限内，我认为，一个作家才能讲述自己的经历，而不会侵犯读者的权利和自己的权利。

　　同样，人们还会看到，《海关》这篇速写遵循了某种常规，一种在文学作品中屡见不鲜的东西，比如谈一谈以下书页的素材是怎样来到了我的笔下，又比如提供一些让叙述内容具备确切性的证据。这点，事实上——一种让自己处于编者的真正地位的愿望，或者再多一点点，一种构成我的书卷的故事中最冗长部分的愿望——这点，也是唯一的一点，是我与公众确立个人关系的真正原因。在达到这个主要目的的同时，看起来只要多少添加些色彩，便不难对此前还不曾描写过的生活模式轻描淡写地表现出来，包括生活于其中的一些人物，因为作者碰巧是这些人物中间的一个。

我的故乡小镇塞勒姆，半个世纪以前，正值老船王德比走红的日子，堪称一个忙忙碌碌的停船码头——不过现在到处都是朽木搭建的仓库，而且展示不出什么商业生活的迹象；也许，一只三桅船或者双桅船在了无生气的码头当不当正不正的地方往下卸毛皮；也许，在更近的地方，一艘新斯科舍纵帆船在往下扔船舱里的木柴——我要说的是，就在这个败迹斑斑的停船码头的上首，海潮经常漫溢过来，沿岸而行，到达海陆交界处，就是一排建筑物的后边了，从一溜稀稀疏疏的野草中可以看出呆滞的岁月的痕迹——这里，从建筑物前窗看过去，眼前是一派没有生气的景象，而从这个角度隔水相望，迎面耸立着一座很有气派的砖建大厦。在大厦屋顶最高点，每日上午不多不少三个半小时之内，合众国的旗帜或者迎风飘扬，或者在微风不兴中垂落；不过旗帜上的十三道条文是上下垂直，而非横向贯通，从此看得出这里坐落的是山姆大叔政府的民政机构，不是军事基地。大厦的前面配置了一个前廊，六根木头柱子撑起一个阳台，阳台下边是花岗岩台阶，顺级而下，一直通向大街。在大厦的大门上方，悬浮着一只美国秃鹰的巨大徽标，舒展双翅，胸前有一盾牌，而且，如果我没有记错的话，每只鹰爪里都紧紧抓着雷电和倒钩箭。这只猛禽，生来就有习惯性的急脾气，利喙尖眼，一副气势汹汹的样子，一向好勇斗狠的态度，对循规蹈矩的芸芸众生威吓震慑；尤其警告所有的市民，仔细他们自身的安全，别在它翼下阴影所及的地方随便走动。然而，尽管它看上去气势汹汹的样子，许多人在这个时刻却在这只联邦秃鹰的翼下寻求庇护呢；我推测，人们

海关

以为她的胸脯一定柔软而舒适，像一只鸭绒枕头。可是，她并没有多么了不起的温柔，哪怕在她情绪最好的时候也一样，而且，或迟或早——往往早比迟多——动不动就飞离她的巢穴，用利爪抓一下，用尖喙啄一下，或者用她那些倒钩箭划出斑斑伤痕。

在上述交代的大厦周遭铺砌的地面——我们不妨统称为港口的海关地界——那些缝隙里生长出密密匝匝的野草，一看便知道近些日子没有大批的人来办事情，没有遭到踩踏。但是，在一年中的某些月份，上午经常办公繁忙，人来人往，踩踏也就更加频繁。这样的时刻也许让上年纪的市民，想起最近那次与英国打仗的岁月，那时塞勒姆本身就是一个港口；与现在的情形不一样，当时它自己的商人和船主并不嘲笑它，只是后来他们听任这里的码头坍塌毁坏，而他们却一趟又一趟，越来越频繁，毫无必要而不知不觉，促进了纽约或者波士顿的商业流动，形成大势。在前边交代过的那样一个上午，三四只船碰巧同时来到了这里——通常都是来自非洲或者南美——也许在这里稍许停留后前往他处，频繁的脚步声响起，在那些花岗岩台阶上上上下下。在这里，你也许会赶在饱经海浪之苦的船长没有见到妻子之前，在这个港口里碰见他们，看到他们腋下夹着船上的文件，装在一个污迹斑驳的铁盒子里。在这里，也很容易碰见那些船主，或者兴高采烈，或者一脸阴沉，或者彬彬有礼，或者怒气冲冲，全看眼下这趟已经完成的航行，是不是实施了商业计划，随时可以把货物转手变成黄金，还是一下子把他置于种种不利的重压之下，谁见了他都尽量回避，唯恐沾惹上什么。在这里，同样，我们碰得见一身朝气的年轻职员——那些满脸皱纹、胡须花白、愁眉苦脸的商人的胚芽儿——他们对海上运输兴趣正浓，如同狼崽儿闻到了血腥气，已经把种种历险交给了船主的船只，这时候他们其实在一汪池水里驾驭模拟小舟倒是更加得心应手。在这种场合，另一种身影则是初次出海的水手，在忙着办理一张通行证；或者是刚刚到岸的水手，脸色煞白，身子软软的，在设法弄一张去医院的证件。我们也切不可忘记那些锈迹斑斑的小型纵帆船的船长，他们从不列颠的属地运来了木柴；他们穿一身防水油布衣，没有美国佬的那种机灵样儿，却对我们日渐衰落的生意做出了一份不小的贡献呢。

所有这些身份不同的人物聚集在一起，这也是他们常有的，与另一些杂七杂八的人搅和在一起，于是，一时间，把海关烘托成了一个闹闹哄哄的去处。但是，更常见的是，在那些花岗岩台阶上，你会看出来——如果是夏天，在大厦的进出口，如果是冬季或者天气恶劣的季节，则在相应的屋子里——一溜老资格的人物，坐在老式的椅子里，把椅子后腿向后倾斜，椅背抵在墙上。通常，他们沉沉入睡，不过有时候可以听见他们一起交谈，声音像讲话也像打鼾，没有一点精神头，听起来像济贫院里收留的人，也像所有别的依靠接济的人，比如吃慈善，又比如吃垄断劳力，以及别的什么，但就是不靠他们自己干活儿生活。这些老先生——像马太一样坐在海关的接待处，不过不像马太那样容易听使唤，使徒的使命从不推诿——便是海关的官员了。

再向里去，靠左手走进前门，是一间屋子或者办公室，约有十五英尺见方，高高的屋顶；屋子里的两面拱顶窗户，展眼望去可见前边说到过的破败码头，而第三面窗户则面临一条窄窄的小巷，以及一段德比大街。通过这三面窗户，都能看见一家家杂货店，木匠铺，廉价服装店，以及船具店；这些店铺的门口周围，通常可以看见三五成群的老水手，或哈哈大笑，或嘀嘀咕咕，还有诸如此类的专吃码头饭的人逛来逛去。这屋子本身挂满了蜘蛛网，老漆已经剥落；屋子的地上铺了灰砂，这种铺地方式在别的地方早已经不用了；这屋子总体上邋邋不整的样子，人们很容易认定这是一处圣所，只是使惯扫帚和拖把这些魔术般工具的女人绝少光顾。家具摆设的样子呢，有一个附带宽大烟囱的火炉；一张松木桌子，桌子后面是一把三条腿凳子；两三把木头座椅，摇摇晃晃随时散架的样子；还有——可不能把藏书忘了——几个书架上堆放着一二十本《国会法案大全》，以及一部厚厚的《税收法》选本。一根铁皮管穿过天花板向上伸去，组成了一个传声系统，与大厦别的房间联络起来。在这里，大约六个月之前——要么在角落间踱来踱去，要么懒洋洋地坐在那把长腿凳子上，胳膊肘依托在桌子上，眼睛在早晨报纸的字里行间溜来溜去——尊敬的读者，你也许能够认出来那同一个人，他曾经欢迎你进入他那间生气勃勃的小书房，阳光穿过柳枝，活活泼泼地照射在那座老宅的西墙上。可是，现在呢，如果你到那里去找他，你就打听不到那个民主党的海关稽查员了。改革的大扫帚已经把他清扫出了办公室；一个更有潜质的后继人穿上了他的那身威严的制服，口袋里揣上了他的薪水。

这座塞勒姆古镇——我的故里，尽管儿时和成年时都离开多年寄居他乡——留住，或者曾经留住，我的种种恋情，那种挂念之情在我实际居住在那里的岁月里却是从来没有认识到的。的确，就镇子的地理环境而言，表面看去平淡而无奇，主要由木结构房子占据着，简直没有一座房子堪称建筑上的美丽——房屋没有规则可循，没有如画的景致，也没有精致的设计，有的只是千篇一律——长长的懒散的街道不厌其烦地把半岛的所有区域都贯穿起来，一端是绞刑架山和新几内亚湾，另一端望去便是济贫院了——这些就是我的故镇的风貌，如果对一个散乱的棋盘怀有依恋之情，那么对我的故镇恋恋不舍也就在情理之中了。但是，尽管在别的地方我也照样会生活得无比幸福，可我内心深处对老塞勒姆怀有一种感情，既然没有更合适的叫法，我也只好权且称之为爱恋吧。这种感情也许归结于那些我的家族扎入土壤的纵深而久远的根须。现在算来，两个世纪又四分之一过去了，当初那个纯粹的大不列颠人，也就是叫我的姓氏的那个最早的移民，在这蛮荒的林地居住地安家落户，后来这里便渐渐演变成了一个城市。在这里，大不列颠的后人有生有死，已经把他们的尘世肉身和这块土地混合在一起，每一小片土壤都和这凡人的身架无不息息相关，我只有凭借这身架才能在这大街上短暂地散步。因此，我说到的部分爱恋情怀只是尘土对尘土的感官上的共鸣而已。我的父老乡亲几乎无人明白这到底是什么；由于频繁的搬迁对家族来说也许更可取，他们也没有必要考虑弄明白这点有什么打紧的。

但是，这种感情也有其道德上的性质。那位最早的祖先身影，家族传统赋予他一种模糊的暗淡的魁伟，就我的记忆所及，在我童年的想象中便出现了。这身影如今依然缠绕着我，引诱出一种怀念过去的乡情，我很难认为这种感情和镇子的现有形势有什么关系。我好像更为强烈地认为与这里的一所住宅有关系，因为宅主是一个庄重、大胡子、身穿黑色外套、头戴高帽的先人——他来得很早，带着《圣经》和腰刀，一派威严十足的样子走在未经踩踏的街道上，身影格外伟岸，如同一个战争与和平

海关

集于一身的人物——远比我自己更有资格为人所知，因为我的名字很少有人听说过，我的面孔也鲜为人见。他是一个士兵，一个议员，一个法官；他是教会的一个统治者；他具备清教徒的一切品质，有善良一面也有邪恶一面。他同时也是一个心狠手辣的迫害者，如同贵格会教徒见证的，他们已经把他记入到他们的历史中，讲述他如何严厉惩办他们教会的一个女子的事件，这一笔恐怕将会流传更久远，超过任何关于他的善行的纪录，尽管他做过许多好事。他的儿子，也继承了那种迫害人的精神，在驱逐巫士活动中让自己露了脸，巫士们的血可以公道地说在他身上留下了污迹。那一污迹确实渗透很深很深，他那埋葬在宪章街的干枯的老骨头上一定还残留着，如果它们还没有彻底化作泥土的话！我不知道我的两位先人是不是想到自己应该忏悔，请求上苍宽恕他们的种种残忍行径；也不知道他们是不是转生成另一种形态后，眼下在沉重的后果重压下痛苦呻吟。不管怎样，我，目前身为作家，作为他们的代表，在这里为他们承受耻辱，请求他们招惹的任何诅咒——如同我听说过的，也如同那个种族凄凉而不发达的境况许多年后证实其存在的——现在和以后都可以得以消除。

但是，毫无疑问，这两位严厉的不苟言笑的清教徒都应该想得到，他们犯下的罪过会得到足够的报应，悠悠岁月过去很久之后，这棵家族树的老树干，长满了太多的古老的青苔，会在它的末梢的枝儿上，生长出我本人这样一个现世报。我一贯珍爱的目标，没有一个是他们认为值得称道的；我取得的成功——如果我的生活，在家庭的圈子之外，曾经因为成功而风光一时的话——没有一点是他们看得上眼的，不认为是丢人败兴就算烧高香了。"他究竟是个什么人呢？"我的先人们的一个灰色影子对另一个嘀咕说。"一个写故事的作家！人生什么样的正经事儿不好——不管活一个人还是活一辈人，为上帝争光或者为人类服务，这算什么方式——非要干这营生呢？哎呀，这个不求上进的家伙，到底成了一个游手好闲的人啦！"这样的恭维话，隔着时间的鸿沟，传递在我的远祖和我本人之间。但是，他们想挖苦我，随他们去吧，反正他们本性里那些强壮的品质，已经和我的生性搅和在一块儿了。

　　这小镇子还处在婴儿和童年时期，这两个诚挚而精力充沛的男人便深深地扎了下来，这个家族从此以后在这里生存下去；还总是受人尊敬；就我所知道的，从来也没有一个不争气的家族成员丢过脸；不过，另一方面，最初的一两辈人过去后，也很少有人或者再也没有人做出过什么令人难忘的业绩，或者至少令公众刮目相看的壮举。一步步，他们差不多退出了人们的视野；如同老宅，街上这里那里还有几处，因为堆积了新的尘土，掩埋得离屋檐也就一半了。从父亲到儿子，一百多年来，他们都跟随大海活动；每一辈人，都有一位头发灰白的船长，从甲板上引退回老宅，同时一个十四岁的男孩又会在桅杆前占据那个一代传一代的位置，面对咸涩的浪花和飓风，而这些都是他的先人和远祖饱尝过的。这男孩，熬到了年头，也会从水手舱过渡到驾驶舱，度过一个风风雨雨的男人岁月，从世界漫游的活动中荣归故里，衰老，死去，把自己的泥身和故乡的泥土掺和在一起。一个家族这种长长的联系，安居一地，既是出生地，也是葬身地，在人类和地理方位上创造出了一种亲情，相当独立，不为他周遭的景观和道德环境的魅力所动。这不是爱，只是本能。这种新的居民——或者本人来自异国他乡，或者其父辈或祖辈来自外域——几乎没

海关

有资格被称作塞勒姆人；他没有牡蛎那样蜗居一地的概念，一个响当当的老住户，第三个世纪正在悄悄向他走来，他祖祖辈辈繁衍生息的地点，自然老死也不肯离去的。这个地方对他没有欢乐，那没有关系；他厌烦老旧的木头房子、泥与土、位置和感情死气沉沉、凛冽的东风以及冰冷的社会氛围，那也没有关系——所有这些，还有他在身边所见所想的随便什么差错，和蜗居一地的目的没有任何关系。魔力长生不息，而且强大有力，好像那片故土就是人间天堂。我的情况就是这样的。我觉得把塞勒姆当作我的家，几乎是命中注定的；所以呢，这里习以为常的那些风土人情和生活习性—— 一个家族的代表躺进了坟墓，另一个代表便接着在大街上大步流星地走动——也许仍然存留在小时候在老镇上所见所闻的日子里。不管怎样，这种感情证明这样的联系变成不健康的东西时，最终应该被割断。人类本性不会一直葳蕤茂盛，好比一个土豆，在同一块种乏的土地上，种了又种，一茬又一茬，总归要断代的。我的孩子是在别的地方出生的，即便我能左右了他们的福祉，他们仍会在不熟悉的土壤里生根发芽。

（选自《红字》）

我的一天

——为《世界上的一天》文集写的短文

[苏联]尼古拉·阿列克赛维奇·奥斯特洛夫斯基 著

王语今 孙广英 译

 作者介绍

尼古拉·阿列克赛维奇·奥斯特洛夫斯基,苏联作家。代表作有《钢铁是怎样炼成的》等。

……电话铃声闯入美梦,令人兴奋的幻觉恐惧地消失了……

醒来,我的第一个感觉就是我这被瘫痪所钉住的身体疼得难以忍受。这就是说,几秒钟之前还在做梦,在梦中我年轻,有力,骑着战马像疾风一般奔向初升的太阳。我并不睁眼,这没有必要,在这一瞬间我正回忆着一切。八年前,残酷的疾病使我倒在床上,动弹不得,弄瞎了我的眼睛,把我周围的一切变成了黑夜。已经八年了!

肉体的剧烈疼痛,向我猛烈攻击,既残酷又无情。我本能地做着初步的反抗——紧紧地咬着牙。第二次电话铃声赶紧地跑来援助我。我知道,生活在号召我去反抗。母亲走进来。她送来早晨的邮件——报纸、书籍、一束信件。今天还有好几次有趣味的约会。生活要取得它应有的权利。痛苦滚开吧!清晨短时间的搏斗结束了,同往日一样,生活战胜了。

"快点,妈妈,快点!洗脸,吃饭……"

母亲把未喝完的咖啡拿走。我马上听见我的秘书阿列克山得拉·彼得洛夫娜的问安。她像钟一样准确。

人们抬我到花园的树荫下。这里一切都准备好了,预备开始工作。赶快生活。就因为这个,我的一切欲望才那样强烈。

"请读报吧。在意大利和阿比西尼亚的边界上有什么消息?法西斯主义——这个带着炸弹的疯子——已经向这里猛袭了,没有人知道它什么时候、向什么方向扔下这个炸弹。"

报上说:国际关系是错综复杂的乱蜘蛛网,破产了的帝国主义的矛盾无法解决……战争的威胁像乌鸦一样盘旋在世界上空。日暮途穷的资产阶级已将自己仅有的后备军——法西斯青年匪徒——投入竞技场。而这些匪徒正在使用斧头和绳索,将资产阶级的文化很快地拉回中世纪去。欧洲非常沉闷,发散着血腥气味。1914年的暗影,甚至瞎子也能看见了。世界狂热地扩充着军备……

够啦。请读一些我国的生活吧!

于是我听到了可爱的祖国的心脏的跳动。于是在我面前便显现出一个青春、美丽、健康、活泼,不可战胜的苏维埃国家。只有她,只有我的社会主义祖国,举起了和平与世界文化的旗帜。只有她创造了民族间的真正友谊。做这样祖国的儿子该是多么幸福啊！……

阿列克山得拉·彼得洛夫娜念信啦。这是从辽阔的苏联遥远的尽头给我写来的——海参崴、塔什干、费尔干、第弗利斯、白俄罗斯、乌克兰、列宁格勒、莫斯科。

莫斯科、莫斯科呀！世界的心脏！这是我的祖国在和她的儿子中的一个互相通话。和我，和《钢铁是怎样炼成的》一书的著者，一个年轻的、初学的作者互相通话。几千封被我小心保存在纸夹中的信——这是我最珍贵的宝藏。都是谁写的呢？谁都写。工厂和制造厂的青年工人、波罗的海和黑海的海员、飞行家、少年先锋队员——大家都忙着说出自己的思想，讲一讲由那本书所激发的情感。每封信都会教给你一些东西，都会增添你一些知识。看吧，一封劝我劳动的信写道："亲爱的奥斯特洛夫斯基同志！我们焦急地等待着你的新小说《暴风雨所诞生的》，你快点写吧。你应当把它写得很出色。记住，我们等待着这本书哪！祝你健康和有伟大的成就。别列兹尼克制造厂全体工人……"

第二封信。这封信通知我说，1936年，我的小说将在几家出版社同时出版，印刷总数52万册。呵！这简直是一支书籍大军了！……

我听见：门外，轻微的喔喔声，汽车站住了。脚步声。问好。听声音，我就知道，这是马里切夫工程师。他正在建筑一所别墅，是乌克兰政府给作家奥斯特洛夫斯基的赠礼。在古老花园的绿树浓阴中，距海滨不远，将建造起一所美丽的小型别墅。工程师打开了设计图。

"这边是您的办公室、藏书室、秘书办公室，还有浴室。这半面是给您的家属住的。有很大的凉台，夏天您可以在那里工作。周围阳光很充足。棕树，木兰……"

一切都准备好了，就为着让我能安心工作。我深深体会到祖国的关怀和抚爱。

"对于这个设计您满意吗？"工程师问。

"这太好了！……"

"那么我们就动工啦。"

工程师走了。阿列克山得拉·彼得洛夫娜翻开记录本子。现在是工作时间。在天黑以前谁也不到我这里来，都知道我在忙。几个钟头的紧张工作，我忘却周围一切，回忆着往事。在记忆中出现了动乱的1919年。大炮在怒吼……黑夜里火光冲天……大队的武装干涉者侵入了我国，于是我的小说的主人公，忘我牺牲的青年便和自己的父亲们并肩作战，给这种进攻以反击。

"四个钟头了，该停止啦！"秘书小声说。

午餐……一小时休息……晚间的邮件——报纸、杂志，又有来信。我听人们念小说。阳光消失了。我看不见，但我感觉到凉爽的黄昏在移近着。

许多人的脚步声在沙沙地响。洪亮的笑声。这是我的客人们，我国英勇的少女们，女跳伞家，她们曾打破了世界迟缓跳伞的记录。同来的还有索契城参加新建筑工程的共青团员们。伟大建筑的隆隆响声竟被带进了这幽静的花园。我暗中想象着，外面正在怎样用水泥和柏油铺着我这小城的街道。一年前还是旷野的地方，现在已经耸立着宫殿似的疗养院的高大建筑了。

天黑了。屋里静静的。客人走了。人们念书报给我听。轻轻的敲门声。这是工作日程上规定的最后一次约会。英文《莫斯科日报》的记者。他的俄语不太好。

"是真的吗,您从前是一个普通的工人?"

"真的,当过烧锅炉的工人。"

他的铅笔很快地擦着纸响。

"请您告诉我,您很痛苦吧?您想,您是瞎子呀,多年躺在床上不能动了。难道您一次也没有想到自己失去了的幸福,没有想到永远不能再看东西、走路,而感觉失望吗?"

我微笑着。

"我简直没有时间想这些。幸福是多方面的。我也是很幸福的。创作产生了无比惊人的快乐,而且我感觉出自己的手也在为我们大家共同建造的美丽楼房——社会主义——砌着砖块,这样,我个人的悲痛便被排除了。"

……黑夜。我睡下,疲倦了,但很满意。又生活了一天,最平凡的一天,但过得很好……

(选自《奥斯特洛夫斯基两卷集》)

张謇：能受天磨真英雄

来新夏

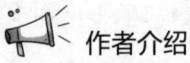作者介绍

来新夏，著名学者。

主要学术著作有《近三百年人物年谱知见录》《古典目录学》《林则徐年谱新编》《来新夏说北洋》；随笔集《冷眼热心》《路与书》《依然集》《枫林唱晚》等。

19世纪末20世纪初是中国这个古老国家近代历史上的过渡。这是一个新旧交替、异彩纷呈、风云诡谲、人才辈出的社会。曾被我们的伟人赞誉为中国近代轻工业之祖的张謇（1853—1926）就是生长、活动、建功、立业于这个社会环境之中，经受了一次次磨难、种种困扰，也抓住过一些机遇，终于成为他所从事的事业的英雄。

科举道路是封建知识分子求出路的"正途"，如果不入封建统治者的"彀中"，则难以出人头地，张謇先前也必不可免地要

去钻这个时代的圈套。张謇家世寒素，祖辈又无显赫的功名，为了避免遭受歧视，曾冒称如皋张氏后人去应试。这在科举制度中称为"冒籍"，本是一种民不举官不究的"违制"行为，但却遭到刁吏恶棍的不时敲诈勒索，使家庭生活不得安宁。这种痛苦折磨了他五年，才得到地方上正直士绅的帮助，获得"改籍归宗"的结局，摆脱掉无奈的困境。但当他继续奋进时，却又遭到了屡困场屋的磨难。

科场不利，就仕途难遂。他只好走士人不太情愿走的另一条道路，去为人作幕。他进入庆军统领吴长庆的幕府，由一般幕僚成为参与机要的决策成员，得到了一次良好的机遇。他还在吴幕中结识了同乡名士朱铭盘，彼此相得甚欢，但他没有料到人际关系的新磨难已在等待着他。一位与吴长庆有世谊的纨绔子弟袁世凯来到吴幕。开始，袁世凯钦佩张謇的学识声望，以师礼事之。但是，随着袁世凯地位的日增，对张謇的礼貌就日减，甚至称呼也由老师、先生、某翁、仁兄依次降格变换，使素以礼教自律的张謇非常气愤。他看不惯直至难以容忍袁世凯那种趾高气扬的虚骄作态，愤而公开宣布与袁绝交，并辞职还乡。这是他遇到的一次人际关系的磨难。

时间很快地前移，张謇经过长达二十五年的科场蹭蹬后，万万没有想到就在国难当头的甲午年（光绪二十年，1894年）科场中会爆出如此震惊士林的冷门：屡试不第的他竟然中了状元！这是士人追逐的顶峰，是平头百姓望若天人的地位。张謇面对这一突然袭来的荣耀是缺乏心理准备的，心理上的超重使他不敢相信这是现实；但这确是现实。他按捺住这颗久已枯寂而在超常跳动的心，提起笔写出一段文字来抒发自己惶惶而激动难抑的心情:"栖门海鸟,本无钟鼓之心;伏枥辕驹,久倦风尘之想。一旦予以非分,事类无端矣!"

状元照例授翰林院修撰,这是玉堂清要之职,容易接近极峰,是平步青云的捷径。不意他又因父亲病故,遵制丁忧回籍守孝。这是家事给他的一次磨难。虽然一时中断了仕途的腾达,却给他带来了从事新式实业的良好机遇。张謇丁忧家居正值甲午战后。那时,外国资本加速输入,中国社会开始觉醒,实业救国、教育救国似乎是社会上在寻求着的救世良方。令传统观念惊诧莫名的是:作为耻于言利的儒家代表人物、状元张謇竟然去言利求利,创办了大生纱厂。这是张謇在洞察社会后抓住的一个不可多得的历史机遇。经过五年的努力,大生纱厂的辐射力终于促进了它周围经济文化的进步,使通海地区逐渐呈现出一派繁荣的景象。

张謇办实业是想在封建地基上奠定一块民族资本主义的基石。他在改变客观事物的同时,也在改变自己——由一个封建士大夫转向一位实业家。实践活动在推动他的思想更深层的转变。他自然地接近谭嗣同等变法人物,并在变法思想的影响下,正式提出《农工商标本急策》和《代拟请留各省股款振兴农工商务折》等建议。这位实业家的呼声虽不够激烈,但却代表了新兴资产阶级的合法权益。这是当时沉闷空气中的一丝新鲜气息,尤其是其中涉及的兴办新式学堂、培养技术人才的要求,更标志着这个脱胎于旧时代的新人物已经理解到教育——技术——发展实业间的必然联系。戊戌变法的失败无异给他以当头棒喝,虽然他托庇于"东南互保"而幸免于难;但好友谭嗣同的殉难不能不使他内心阵阵地隐痛。

张謇为了曲折完成亡友的志愿，不惜降低调子，于1901年在江南督抚、士绅的支持下，写出了中国资产阶级20世纪初要求改革的方案——《变法平议》。他以折中的方式提出了建立议会政治，改革财政、教育等等以顺应历史发展的要求，但主持朝政的慈禧太后对改革变法等字眼早已谈虎色变，即使再温和也不会接受，而地方实力派如刘坤一之流也是有条件地支持。张謇遭受到封建体制的抑制、痛苦和失望，促使他产生了朦胧的君主立宪思想，希冀以此来改变封建专制体制。1903年的日本考察之行，使他的君主立宪思想更为明确；但他终究是在中国这块具有长期的封建社会历史的土壤上成长起来的，又经历过尘世间的浮沉。他认识到要想成事必须要有权贵支持的国情。这一认识把张謇拖到另一更为痛苦的磨难之中，使他的人生历程出现了一次封建士大夫最难以做到的"奇迹"：他竟然为了实现理想要去与二十年前深恶痛绝而现居高位的袁世凯正式复交——其内心所经受的折磨，那些曾经历过世事沧桑的人们是想象得到的。

寻求到支持使张謇像服了有痛苦含量的兴奋剂。他激动地去联合士绅，积极筹议有关国会和立宪的问题，提出召开国会的建议，推行地方自治，收回路权等等，但都遭到了挫折与拒绝。不久，他所依靠的袁世凯也被罢黜。似乎相同的失意命运又更紧地把这两个人联结起来了。张謇真情实意地把对清廷的"希望"转托到城府莫测的袁世凯身上，竟一时充当了为袁所用的悲剧角色。

辛亥革命以后，按张謇的身份与经历无疑是会排在前朝遗老之列的。他面临着新的抉择。他没有为旧朝殉葬，也不愿做不食周粟的遗民。他做了适应共和的新人，积极投身于光复独立运动，发展实业与教育事业。他参加民国政权、政党活动，似乎朦胧地看到资产阶级发展前景的幻影。他没有像复辟派那样频频回顾失去的"天堂"，而是努力为新兴实业创造条件。在1913—1915年任农商总长期间，他制订了为发展民族农工商业的各种法令、条例和计划；采取了"合资"、"借款"、"代办"等三种方式引进外资，对当时民族企业的发展起了推动作用。与此同时，袁世凯却在日益抛弃共和，实行独裁，走向帝制自为。张謇按照不能为人谋而不忠的行为准则，希望作袁世凯的诤友，共同维护新的共和政权。但是，他再一次地失望了，于是在1915年11月辞去了所有职务，与袁世凯再次脱辐。这一次绝交使他比第一次更为痛苦，不仅是彻底的决裂，而且他自己还要承担为人讥评为反复无常的心理压力的折磨。他只好告别政治舞台，全身心地投入到兴办实业中。

张謇退归林下的1916年，欧战方酣，中国民族资本得到发展的空隙，给张謇发展实业走向顶峰以极好的机遇。可惜从1920年的直皖战争开始，连年的军阀混战和外国资本的卷土重来，雪上加霜般地迫使张謇所办的实业债台高筑，跌落到低谷。似乎命运总在无情地戏弄着这位年过花甲的老人。但是，张謇不屈服于自己历经磨难的命运，转而投身于文化艺术和公益事业，结交了一批艺术家。这在当时是一种冒着非议的行为，因为一位封建社会的士绅名流大抵是不肯降低身份去结交为士大夫所耻与之为伍的"优伶"的。

1926年，张謇已年逾古稀，但并未就此止步。他饱经人为设置的种种磨难，依然壮心未已地继续从事兴办教育、视察江堤等活动，关心国计民生。这一年的八月，张謇怀着中国知识分子传统的忧患意识,离开了驻留七十三年的扰攘尘世。他背着时代给予他的种种磨难,拖着沉重的脚步艰难地走完了"生已愁到死,既死愁不休"的人生道路。胡适曾评价张謇是失败的英雄。这句话应该写作张謇在现实生活中虽经一时一事的失败,而在历史上终于成为他所从事的事业的永恒英雄。有些似乎显赫一时,或许得到几声廉价喝彩的欺世盗名者,只不过是舞台上幕间的插科小丑而已!当帷幕正式拉开的时候,他们便昙花一现似地被历史的激流冲刷得了无踪影,而只有历经磨砺、冲击的砥柱,才能屹立于中流。"能受天磨真英雄"这句名言,永远激励着中国知识分子奋进、拼搏,挺立起民族和国家的脊梁!

(选自《依然集》)

娜拉走后怎样

——在北京女子高等师范学校文艺会讲演

（1923 年 12 月 26 日）

鲁 迅

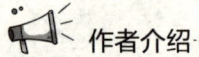

作者介绍

鲁迅，文学家、思想家、革命家。

代表作有《呐喊》《彷徨》《故事新编》《狂人日记》《朝花夕拾》等。

我今天要讲的是"娜拉走后怎样"？

伊孛生是十九世纪后半的瑙威的一个文人。他的著作，除了几十首诗之外，其余都是剧本。这些剧本里面，有一时期是大抵含有社会问题的，世间也称作"社会剧"，其中有一篇就是《娜拉》。

《娜拉》一名 Ein Puppenheim，中国译作《傀儡家庭》。但 Puppe 不单是牵线的傀儡，孩子抱着玩的人形也是；引申开去，别人怎么指挥，他便怎么做的人也是。娜拉当初是满足地生活在所谓幸福的家庭里的，但是她竟觉悟了：自己是丈夫的傀儡，孩子们又是她的傀儡。她于是走了，只听得关门声，接着就是闭幕。这想来大家都知道。不必细说了。

娜拉要怎样才不走呢？或者说伊孛生自己有解答，就是Die Frau vom Meer，《海的女人》，中国有人译作《海上夫人》的。这女人是已经结婚的了，然而先前有一个爱人在海的彼岸，一日突然寻来，叫她一同去。她便告知她的丈夫，要和那外来人会面。临末，她的丈夫说，"现在放你完全自由。（走与不走）你能够自己选择，并且还要自己负责任。"于是什么事全都改变，她就不走了。这样看来，娜拉倘也得到这样的自由，或者也便可以安住。

但娜拉毕竟是走了的，走了以后怎样？伊孛生并无解答；而且他已经死了。即使不死，他也不负解答的责任。因为伊孛生是在做诗，不是为社会提出问题来而且代为解答。就如黄莺一样，因为他自己要歌唱，所以他歌唱，不是要唱给人们听得有趣，有益。伊孛生是很不通世故的，相传在许多妇女们一同招待他的筵宴上，代表者起来致谢他作了《傀儡家庭》，将女性的自觉、解放这些事，给人心以新的启示的时候，他却答道，"我写那篇却并不是这意思，我不过是做诗。"

娜拉走后怎样？——别人可是也发表过意见的。一个英国人曾作一篇戏剧，说一个新式的女子走出家庭，再也没有路走，终于堕落，进了妓院了。还有一个中国人，——我称他什么呢？上海的文学家罢，——说他所见的《娜拉》是和现译本不同。娜拉终于回来了。这样的本子可惜没有第二人看见，除非是伊孛生自己寄给他的。但从事理上推想起来，娜拉或者也实在只有两条路：不是堕落，就是回来。因为如果是一匹小鸟，则笼子里固然不自由，而一出笼门，外面便又有鹰，有猫，以及别的什么东西之类；倘使已经关得麻痹了翅子，忘却了飞翔，也诚然是无路可以走。还有一条，就是饿死了，但饿死已经离开了生活，更无所谓问题，所以也不是什么路。

人生最苦痛的是梦醒了无路可以走。做梦的人是幸福的；倘没有看出可走的路，最要紧的是不要去惊醒他。你看，唐朝的诗人李贺，不是困顿了一世的么？而他临死的时候，却对他的母亲说，"阿妈，上帝造成了白玉楼，叫我做文章落成去了。"这岂非明明是一个诳，一个梦？然而一个小的和一个老的，一个死的和一个活的，死的高兴地死去，活的放心地活着。说诳和做梦，在这些时候便见得伟大。所以我想，假使寻不出路，我们所要的倒是梦。

但是，万不可做将来的梦。阿尔志跋绥夫曾经借了他所做的小说，质问过梦想将来的黄金世界的理想家，因为要造那世界，先唤起许多人们来受苦。他说，"你们将黄金世界预约给他们的子孙了，可是有什么给他们自己呢？"有是有的，就是将来的希望。但代价也太大了，为了这希望，要使人练敏了感觉来更深切地感到自己的苦痛，叫起灵魂来目睹他自己的腐烂的尸骸。唯有说诳和做梦，这些时候便见得伟大。所以我想，假使寻不出路，我们所要的就是梦；但不要将来的梦，只要目前的梦。

然而娜拉既然醒了，是很不容易回到梦境的，因此只得走；可是走了以后，有时却也免不掉堕落或回来。否则，就得问：她除了觉醒的心以外，还带了什么去？倘只有一条像诸君一样的紫红的绒绳的围巾，那可是无论宽到二尺或三尺，也完全是不中用。她还须更富有，提包里有准备，直白地说，就是要有钱。

梦是好的；否则，钱是要紧的。

钱这个字很难听，或者要被高尚的君子们所非笑，但我总觉得人们的议论是不但昨天和今天，即使饭前和饭后，也往往有些差别。凡承认饭需钱买，而以说钱为卑鄙者，倘能按一按他的胃，那里面怕总还有鱼肉没有消化完，须得饿他一天之后，再来听他发议论。

所以为娜拉计，钱，——高雅的说罢，就是经济，是最要紧的了。自由固不是钱所能买到的，但能够为钱而卖掉。人类有一个大缺点，就是常常要饥饿。为补救这缺点起见，为准备不做傀儡起见，在目下的社会里，经济权就见得最要紧了。第一，在家应该先获得男女平均的分配；第二，在社会应该获得男女相等的势力。可惜我不知道这权柄如何取得，单知道仍然要战斗；或者也许比要求参政权更要用剧烈的战斗。

要求经济权固然是很平凡的事，然而也许比要求高尚的参政权以及博大的女子解放之类更烦难。天下事尽有小作为比大作为更烦难的。譬如现在似的冬天，我们只有这一件棉袄，然而必须救助一个将要冻死的苦人，否则便须坐在菩提树下冥想普度一切人类的方法去。普度一切人类和救活一人，大小实在相去太远了，然而倘叫我挑选，我就立刻到菩提树下去坐着，因为免得脱下唯一的棉袄来冻杀自己。所以在家里说要参政权，是不至于大道反对的，一说到经济的平均分配，或不免面前就遇见敌人，这就当然要有剧烈的战斗。

战斗不算好事情，我们也不能责成人人都是战士，那么，平和的方法也就可贵了,这就是将来利用了亲权来解放自己的子女。中国的亲权是无上的,那时候,就可以将财产平均地分配子女们,使他们平和而没有冲突地都得到相等的经济权,此后或者去读书,或者去生发,或者为自己去享用,或者为社会去做事,或者去花完,都请便,自己负责任。这虽然也是颇远的梦,可是比黄金世界的梦近得不少了。但第一需要记性。记性不佳,是有益于己而有害于子孙的。人们因为能忘却,所以自己能渐渐地脱离了受过的苦痛,也因为能忘却,所以往往照样地再犯前人的错误。被虐待的儿媳做了婆婆,仍然虐待儿媳;嫌恶学生的官吏,每是先前痛骂官吏的学生;现在压迫子女的,有时也就是十年前的家庭革命者。这也许与年龄和地位都有关系罢,但记性不佳也是一个很大的原因。救济法就是各人去买一本 note—book 来,将自己现在的思想举动都记上,作为将来年龄和地位都改变了之后的参考。假如憎恶孩子要到公园去的时候,取来一翻,看见上面有一条道,"我想到中央公园去",那就即刻心平气和了。别的事也一样。

世间有一种无赖精神,那要义就是韧性。听说"拳匪"乱后,天津的青皮,就是所谓无赖者很跋扈,譬如给人搬一件行李,他就要两元,对他说这行李小,他说要两元,对他说道路近,他说要两元,对他说不要搬了,他说也仍然要两元。青皮固然是不足为法的,而那韧性却大可以佩服。要求经济权也一样,有人说这事情太陈腐了,就答道要经济权;说是太卑鄙了,就答道要经济权;说是经济制度就要改变了,用不着再操心,也仍然答道要经济权。

其实,在现在,一个娜拉的出走,或者也许不至于感到困难的，因为这人物很特别，举动也新鲜，能得到若干人们的同情，帮助着生活。生活在人们的同情之下，已经是不自由了，然而倘有一百个娜拉出走，便连同情也减少，有一千一万个出走，就得到厌恶了，断不如自己握着经济权之为可靠。

在经济方面得到自由，就不是傀儡了么？也还是傀儡。无非被人所牵的事可以减少，而自己能牵的傀儡可以增多罢了。因为在现在的社会里，不但女人常作男人的傀儡，就是男人和男人，女人和女人，也相互地作傀儡，男人也常作女人的傀儡，这决不是几个女人取得经济权所能救的。但人不能饿着静候理想世界的到来，至少也得留一点残喘，正如涸辙之地，急谋升斗之水一样，就要这较为切近的经济权，一面再想别的法。

如果经济制度竟改革了，那上文当然完全是废话。

然而上文，是又将娜拉当作一个普通的人物而说的，假使她很特别，自己情愿闯出去做牺牲，那就又另是一回事。我们无权去劝诱人做牺牲，也无权去阻止人做牺牲。况且世上也尽有乐于牺牲，乐于受苦的人物。欧洲有一个传说，耶稣去钉十字架时，休息在 Ahasvar 的檐下，Ahasvar 不准他，于是被了咒诅，使他永世不得休息。直到末日裁判的时候。Ahasvar 从此就歇不下，只是走，现在还在走。走是苦的，安息是乐的，他何以不安息呢？虽说背着咒诅，可是大约总该是觉得走比安息还适意，所以始终狂走的罢。

只是这牺牲的适意是属于自己的，与志士们之所谓为社会者无涉。群众，——尤其是中国的，——永远是戏剧的看客。牺牲上场，如果显得慷慨，他们就看了悲壮剧；如果显得觳觫，他们就看了滑稽剧。北京的羊肉铺前常有几个人张着嘴看剥羊，仿佛颇愉快,人的牺牲能给予他们的益处,也不过如此。而况事后走不几步,他们并这一点愉快也就忘却了。

对于这样的群众没有法,只好使他们无戏可看倒是疗救,正无需乎震骇一时的牺牲,不如深沉的韧性的战斗。

可惜中国太难改变了,即使搬动一张桌子,改装一个火炉,几乎也要血;而且即使有了血,也未必一定能搬动,能改装。不是很大的鞭子打在背上,中国自己是不肯动弹的。我想这鞭子总要来,好坏是别一问题,然而总要打到的。但是从那里来,怎么地来,我也是不能确切地知道。

我这讲演也就此完结了。

(选自《坟》)

如何才能得到痛快的合理的生活

梁漱溟

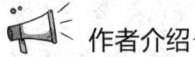作者介绍

梁漱溟,著名的思想家、哲学家、教育家、社会活动家。

代表作有《中国民族自救运动之最后觉悟》《乡村建设理论》等。

今天有三个意思要和大家说。

第一个意思是:师生之间切不要使之落于应付,应常常以坦白的心相示,而求其相通。如果落于应付,则此种生活殊无意趣。大概在先生一面,心里要能够平平静静的,不存一个要责望同学以非如何不可的意思;也不因少数同学懒惰而有不平之气。在同学一面,更要坦白实在,——不搪塞,不欺骗,不懒惰。所谓坦白,就是指自己力量尽到而言;虽然自己有短处,有为难处,也要照样子摆出来。如果力量没尽到而搪塞饰掩,这是虚

伪；如果力量没尽到而把懒惰摆出来给人看，这便是无耻。这两者是毁灭生命的凿子。人生只有尽力，尽力才有坦白之可言。坦白决不是没有羞恶，没有判断，它是要使每个人从坦白真实里面来认识自己，来发挥各自的生命力。每人都能如此，其情必顺，其心必通，才不致落于形式的表面的应付上，才能够大家齐心向前发展，创造！

　　第二个意思是：人都是要求过一个痛快的生活。但此痛快生活，果何自而来？就是在各自的精力能够常常集中，发挥，运用。此意即说，敷衍、懒惰、不做事，空自一天天企待着去挨磨日子，便没法得到一个痛快的生活，——也很不合算。于此我可以述说我的两个经验。

　　头一个经验，仿佛自己越是在给别人有所牺牲的时候，心里特别觉得痛快、酣畅、开展。反过来，自己力气不为人家用，似乎应该舒服，其实并不如此，反是心里感觉特别紧缩，闷苦。所以为社会牺牲，是合乎人类生命的自然要求，这个地方可以让我们生活更能有力！

　　再一个经验，就是劳动。我们都是身体很少劳动的人，可是我常是这样：颇费力气的事情开头懒于去作，等到劳动以后，遍身出汗，心里反倒觉得异常痛快。

　　以上这两个经验，一个比较深细，一个比较粗浅。但都是告诉我们力量要用出来才能痛快。人类生命的自然要求就是如此。于此苟无所悟，实在等于斫丧自己的生命。

　　第三个意思是：有的人每每看轻自己的工作，觉得粗浅而不足为，这是一个错误。须知虽然是粗浅的事情，如果能集中整个精力来做，也都能做到精微高深的境界。古人云："洒扫、应对、进退，即是形而上学"，又云："下学而上达"，都是指此而言。在事情本身说，表面上只有大小之殊，没有精粗——这件事比那件事粗浅——的分野。俗话说："天下七十二行，行行出状元"，只在各人自求而已。大概任何一件事业或一种学术，只怕不肯用心，肯用心一定可以得到许多的启示与教训，一定可以有所得，有所悟。在这个地方的所得，同在那个地方所得的是一样高深；在这里有所通，在别处也没有什么不通，所谓一通百通。所以凡对人情事理有所悟者，就是很大的学问。此其要点，即在集中精力，多用心思，去掉懒惰。能如此，才算握住生命真谛，才算得到痛快的合理的生活。

（选自《朝话》）

论读书

——十二月八日复旦大学演讲稿
又同十三日大夏大学演讲

林语堂

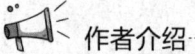 作者介绍

林语堂,学者、文学家、语言学家。

著有《翦拂集》《京华烟云》《孔子的智慧》等。他创造了基调高亢、语言诙谐、讽喻犀利的"语丝体"散文。

本篇演讲只是谈谈本人对于读书的意见,并不是要训勉青年,亦非敢指导青年。所以不敢训勉青年有两种理由:第一,因为近来常听见贪官污吏到学校致训词,叫学生须有志操,有气节,有廉耻;也有卖国官僚到大学演讲,劝学生要坚忍卓绝,做富贵不能淫,威武不能屈的大丈夫。孟子曰,人之患在好为人师,料想战国的土豪劣绅亦必好训勉当时的青年,所以激起孟子这样不平的话。第二,读书没有什么

可以训勉。世上会读书的人,都是书拿起来自己会读。不会读书的人,亦不曾因为指导而变为会读。譬如数学,出五个问题叫学生去做,会做的人是自己脑里做出来的,并非教员教他做出,不会做的人经教员指导,这一题虽然做出,下一题仍旧非指导不可,数学并不会因此高明起来。我所要讲的话于你们本会读书的人,没有什么补助;于你们不会读书的人,也不会使你们变为善读书。所以今日谈谈,亦只是谈谈而已。

读书本是一种心灵的活动,向来算为清高。"万般皆下品,唯有读书高"。所以读书向称为雅事乐事。但是现在雅事乐事已经不雅不乐了。今人读书,或为取资格,得学位,在男为娶美女,在女为嫁贤婿;或为做老爷,踢屁股;或为求爵禄,刮地皮;或为做走狗,拟宣言;或为写讣闻,做贺联;或为当文牍,抄账簿;或为做相士,占八卦;或为做塾师,骗小孩……诸如此类,都是借读书之名,取利禄之实,皆非读书本旨。亦有人拿父母的钱,上大学,跑百米,拿一块大银盾回家,在我是看不起的,因为这似乎亦非读书的本旨。

今日所谈,亦非指学堂中的读书,亦非指读教授所指定的功课。在学校读书有四不可。(一)所读非书 学校专读教科书,而教科书并不是真正的书。今日大学毕业的人所读的书极其有限。然而读一部小说概论,到底不如读《三国》《水浒》;读一部历史教科书,不如读《史记》。(二)无书可读 因为图书馆极有限。(三)不许读书 因为在课室看书,有犯校规,例所不许。倘是一人自晨至晚上课,则等于自晨至晚被监禁起来,不许读书。(四)书读不好　因为处处受注册部干涉,毛孔骨节,皆不爽快。且学校所教非慎思明辨之学,乃记问之学。记问之学不足为人师,《礼记》早已说过。书上怎样说,你便怎样答,一字不错,叫作记问之学。倘是你能猜中教员心中要你如何答法,照样答出,使得一百分,于是沾沾自喜,自以为西洋历史你知道一百分,其实西洋历史你何尝知道百分之一。学堂所以非注重记问之学不可,是因为便于考试。如拿破仑生卒年月,形容词共有几种,这些不必用头脑,只需强记,然学校考试极其便当,差一年可扣一分;然而事实上与学问无补,你们的教员,也都记不得。要用时自可在百科全书上去查。又如罗马帝国之亡,有三大原因,书上这样讲,你们照样记,然而事实上问题极复杂。有人说罗马帝国之亡,是亡于蚊子(传布寒热疟),这是书上所无的。

　　今日所谈的是自由的看书读书;无论是在校,离校,做教员,做学生,做商人,做政客闲时的读书。这种的读书,所以开茅塞,除鄙见,得新知,增学问,广识见,养性灵。人之初生,都是好学好问,及其长成,受种种的俗见俗闻所蔽,毛孔骨节,如有一层包膜,失了聪明,逐渐顽腐。读书便是将此层蔽塞聪明的包膜剥下。能将此层剥下,才是读书人。并且要时时读书,不然便会鄙吝复萌,顽见俗见生满身上,一人的落伍,迂腐,冬烘,就是不肯时时读书所致。所以读书的意义,是使人较虚心,较通达,不固陋,不偏执。一人在世上,对于学问是这样的:幼时认为什么都不懂,大学时自认为什么都懂,毕业后才知道什么都不懂,中年又以为什么都懂,到晚年才觉悟一切都不懂。大学生自以为心理学他也念过,历史地理他亦念过,经济科学也都念过,世界文学艺术声光化电,他也念过,所以什么都懂。毕业以后，人家问他国际联盟在那里，他说"我书上未念过"，人家又问法西斯蒂在意大利成绩如何，他也说"我书上未念过"，所以觉得什么都不懂。到了中年，许多人娶妻生子，造洋楼，有身份，做名流，戴眼镜，留胡子，拿洋棍，沾沾自喜，那时他的世界已经固定了：女子放胸是不道德，剪发亦不道德，社会主义就是共产党，读《马氏文通》是反动，节制生育是亡种逆天，提倡白话是亡国之先兆，《孝经》是孔子写的，大禹必有其人，……意见非常之多而且确定不移，所以又是什么都懂。其实是此种人久不读书，鄙吝复萌所致。此种人不可与深谈。但亦有常读书的人，老当益壮，其思想每每比青年急进，就是能时时读书所以心灵不曾化石，变为古董。

　　读书的主旨在于排脱俗气。黄山谷谓人不读书便语言无味，面目可憎。须知世上语言无味面目可憎的人很多，不但商界政界如此，学府中亦颇多此种人。然语言无味，面目可憎在官僚商贾则无妨，在读书人是不合理的。所谓面目可憎，不可作面孔不漂亮解，因为并非不能奉承人家，排出笑脸，所以"可憎"；胁肩谄笑，面孔漂亮，便是"可爱"。若欲求美男子小白脸，尽可于跑狗场，跳舞场，及政府衙门中求之。有漂亮脸孔，说漂亮话的政客，未必便面目不可憎。读书与面孔漂亮没有关系，因为书籍并不是雪花膏，读了便会增加你的容辉。所以面目可憎不可憎，在你如何看法。有人看美人专看脸蛋，凡有鹅脸柳眉皓齿朱唇都叫作美人。但是识趣的人若李笠翁看美人专看风韵，李笠翁所谓三分容貌有姿态等于六七分，六七分容貌，乏姿态等于三四分。有人面目平常，然而谈起话来，使你觉得可爱；也有满脸脂粉的摩登伽，洋囡囡，做花瓶，做客厅装饰甚好，但一与交谈，风韵全无，便觉得索然无味。黄山谷所谓面目可憎不可憎亦只是指读书人之议论风采说法。若《浮生六记》的芸，虽非西施面目，并且前齿微露，我却觉得是中国第一美人。男子也是如是看法。章太炎脸孔虽不漂亮，王国维虽有一条辫子，但是他们是有风韵的，不是语言无味面目可憎的。简直可认为可爱。亦有漂亮政客，做武人的兔子姨太太，说话虽然漂亮，听了却令人作呕三日。

至于语言无味（着重"味"字），那全看你所读是什么书及读书的方法。读书读出味来，语言自然有味，语言有味，做出文章亦必有味。有人读书读了半世，亦读不出什么味儿来，那是因为读不合的书，及不得其读法。读书须先知味。这味字，是读书的关键。所谓味，是不可捉摸的，一人有一人胃口，各不相同，所好的味亦异。所以必先知其所好，始能读出味来。有人自幼嚼书本，老大不能通一经，便是食古不化勉强读书所致。袁中郎所谓读所好之书，所不好之书可让他人读之，这是知味的读法。若必强读，消化不来，必生疳积胃滞诸病。

口之于味，不可强同，不能因我之所嗜好以强人。先生不能以其所好强学生去读，父亲亦不得以其所好强儿子去读。所以书不可强读，强读必无效，反而有害，这是读书之第一义。有愚人请人开一张必读书目，硬着头皮咬着牙根去读，殊不知读书须求气质相合。人之气质各有不同，英人俗语所谓"在一人吃来是补品，在他人吃来是毒质"。因为听说某书是名著，因为要做通人，硬着头皮去读，结果必毫无所得。过后思之，如做一场噩梦。甚且终身视读书为畏途，提起书名来便头痛。萧伯讷说许多英国人终身不看莎士比亚，就是因为幼年塾师强迫背诵种下的果。许多人离校以后，终身不再看诗，不看历史，亦是旨趣未到学校迫其必修所致。

所以读书不可勉强，因为学问思想是慢慢胚胎滋长出来。其滋长自有滋长的道理，如草木之荣枯，河流之转向，各有其自然之势。逆势必无成就。树木的南枝遮荫，自会向北枝发展，否则枯槁以待毙。河流遇了矶石悬崖，也会转向，不是硬冲，只要顺势流下，总有流入东海之一日。世上无人人必读之书，只有在某时某地某种心境不得不读之书。有你所应读，我所万不可读，有此时可读，彼时不可读。即使有必读之书，亦决非此时此刻所必读。见解未到，必不可读，思想发育程度未到，亦不可读。孔子说五十可以学《易》，便是说四十五岁时尚不可读《易经》。刘知几少读古文《尚书》，挨打亦读不来，后听同学读《左传》，甚好之，求授《左传》，乃易成诵。《庄子》本是必读之书，然假使读《庄子》觉得索然无味，只好放弃，过了几年再读。对《庄子》感觉兴味然后读《庄子》，对马克思感觉兴味，然后读马克思。

且同一本书，同一读者，一时可读出一时之味道出来。其景况适如看一名人相片，或读名人文章，未见面时，是一种味道，见了面交谈之后，再看其相片，或读其文章，自有另外一层深切的理会。或是与其人绝交以后，看其照片，读其文章，亦另有一番味道。四十学《易》是一种味道，五十而学《易》，又是一种味道。所以凡是好书都值得重读的。自己见解愈深，学问愈进，愈读得出味道来。譬如我此时重读 Lamb 的论文，比幼时所读全然不同，幼时虽觉其文章有趣，没有真正魂灵的接触，未深知其文之佳境所在。也许蒋介石未进过小学，或进小学而未读过地理，或读地理而未觉兴味；然今日之蒋介石翻看闽浙边界地图，便觉津津有味。一人背痛，再去读范增的传，始觉趣味。或是叫许钦文在狱中读清初犯文字狱的文人传记,才别有一番滋味在心头。

由是可知读书有二方面,一是作者,一是读者。程子谓《论语》读者有此等人与彼等人,有读了全然无事者,亦有读了不知手之舞之足之蹈之者。所以读书必以气质相近,而凡人读书必找一位同调的先贤,一位气质与你相近的作家,作为老师。这是所谓读书必须得力一家。不可昏头昏脑,听人戏弄,庄子亦好,荀子亦好,苏东坡亦好,程伊川亦好。一人同时爱庄荀,或同时爱苏程是不可能的事。找到思想相近之作家,找到文学上之情人,必胸中感觉万分痛快,而魂灵上发生猛烈影响,如春雷一鸣,蚕卵孵出,得一新生命,入一新世界。George Eliot 自叙读《庐骚自传》,如触电一般。尼采师叔本华,萧伯讷师易卜生,虽皆非及门弟子,而思想相承,影响极大。当二子读叔本华、易卜生时,思想上起了大影响,是其思想萌芽学问生根之始。因为气质性灵相近,所以乐此不疲,流连忘返,流连忘返,始可深入,深入后,然后如受春风化雨之赐,欣欣向荣,学业大进。

谁是气质与你相近的先贤,只有你知道,也无需人家指导,更无人能勉强,你找到这样一位作家,自会一见如故。苏东坡初读《庄子》,如有胸中久积的话,被他说出,袁中郎夜读徐文长诗,叫唤起来,叫复读,读复叫,便是此理。这与"一见倾心"之性爱(love at first sight)同一道理。你遇到这样作家,自会恨相见太晚。一人必有一人中意的作家,各人自己去找去。找到了文学上的爱人,他自会有魔力吸引你,而你也乐自为所吸,甚至声音相貌,一颦一笑,亦渐与相似。这样浸润其中,自然获益不少,将来年事渐长,厌此情人,再找别的情人,到了经过两三个情人，或是四五个情人，大概你自己也已受了熏陶不浅，思想已经成熟，自己也就成了一位作家。若找不到情人，东览西阅，所读的未必能沁入魂灵深处，便是逢场作戏，逢场作戏，不会有心得，学问不会有成就。

知道情人滋味便知道苦学二字是骗人的话。学者每为"苦学"或"困学"二字所误。读书成名的人，只有乐，没有苦。据说古人读书有追月法，刺股法，及丫头监读法。其实都是很笨。读书无兴味，昏昏欲睡，始拿锥子在股上刺一下，这是愚不可当。一人书本排在面前，有中外贤人向你说极精彩的话，尚且想睡觉，便应当去睡觉，刺股亦无益。叫丫头陪读，等打盹时唤醒你，已是下流，亦应去睡觉，不应读书。而且此法极不卫生。不睡觉，只有读坏身体，不会读出书的精彩来。若已读出书的精彩来，便不想睡觉，故无丫头唤醒之必要。刻苦耐劳，淬励奋勉是应该的，但不应视读书为苦。视读书为苦，第一着已走了错路。天下读书成名的人皆以读书为乐；汝以为苦，彼却沉湎以为至乐。必如一人打麻将，或如人挟妓冶游，流连忘返，寝食俱废，始读出书来。以我所知国文好的学生，都是偷看几百万言的《三国》《水浒》而来，决不是一学年读五六十页文选，国文会读好的。试问在偷读《三国》《水浒》之人，读书有什么苦处？何尝算页数？好学的人，于书无所不窥，窥就是偷看。于书无所不偷看的人，大概学会成名。

有人读书必装腔作势，或嫌板凳太硬，或嫌光线太弱，这都是读书未入门路，未觉兴味所致。有人做不出文章，怪房间冷，怪蚊子多，怪稿纸发光，怪马路上电车声音太嘈杂，其实都是因为文思不来，写一句，停一句。一人不好读书，总有种种理由。

"春天不是读书天，夏日炎炎最好眠，等到秋来冬又至，不如等待到来年。"其实读书是四季咸宜。古所谓"书淫"之人，无论何时何地可读书皆手不释卷，这样才成读书人样子。顾千里裸体读经，便是一例，即使暑气炎热，至非裸体不可，亦要读经。欧阳修在马上厕上皆可做文章，因为文思一来，非做不可，非必正襟危坐明窗净几才可做文章。一人要读书则澡堂，马路，洋车上，厕上，图书馆，理发室，皆可读。而且必办到洋车上理发室都必读书，才可以读成书。

读书须有胆识，有眼光有毅力。胆识二字拆不开，要有识，必敢一有自己意见，即使一时与前人不同亦不妨。前人能说得我服，是前人是，前人不能服我，是前人非。人心之不同如其面，要脚踏实地，不可舍己耘人。诗或好李，或好杜，文或好苏，或好韩，各人要凭良知，读其所好，然后所谓好，说得好的道理出来。或竟苏韩皆不好，亦不必惭愧，亦须说出不好的理由来。或某名人文集，众人所称而你独恶之，则或系汝自己学力见识未到，或果然汝是而人非。学力未到，等过几年再读，若学力已到而汝是人非，则将来必发现与汝同情之人。刘知几少时读《前后汉书》，怪前书不应有《古今人表》，后书宜为更始立纪，当时闻者责以童子轻议前哲，乃"赧然自失，无辞以对"，后来偏偏发见张衡范晔等，持见与之相同。此乃刘知几之读书胆识。因其读书皆得之襟腑，非人云亦云，所以能著成《史通》一书。如此读书，处处有我的真知灼见，得一分见解是一分学问，除一种俗见，算一分进步，才不会落入圈套，满口烂调，一知半解，似是而非。

（选自《剪拂集　大荒集》）

读 书

胡 适

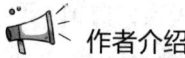作者介绍

胡适,现代著名学者、诗人、历史学家、文学家、哲学家。

代表作有《文学改良刍议》《庐山游记》《胡适文选》等。

"读书"这个题,似乎很平常,也很容易。然而我却觉得这个题目很不好讲。据我所知,"读书"可以有三种说法:

(一)要读何书 关于这个问题,《京报副刊》上已经登了许多时候的"青年必读书";但是这个问题,殊不易解决,因为个人的见解不同,个性不同。各人所选只能代表各人的嗜好,没有多大的标准作用。所以我不讲这一类的问题。

(二)读书的功用 从前有人作"读书乐",说什么"书中自有千钟粟,书中自有黄金屋,书中自有颜如玉",现在我们不说这些话了。要说,读书是求知识,知识就是权力。这些话都是大

家会说的，所以我也不必讲。

（三）读书的方法　我今天是想根据个人经验，同诸位谈谈读书的方法。我的第一句话是很平常的，就是说，读书有两个要素：

第一要精，

第二要博。

现在先说什么叫"精"。

我们小的时候读书，差不多每个小孩都有一条书签，上面写十个字，这十个字最普遍的就是"读书三到：眼到，口到，心到。"现在这种书签虽不用，三到的读书法却依然存在。不过我以为读书三到是不够的；须有四到，是："眼到，口到，心到，手到。"我就拿它来说一说。

眼到是要个个字认得，不可随便放过。这句话起初看去似乎很容易，其实很不容易。读中国书时，每个字的一笔一画都不放过。近人费许多工夫在校勘学上，都因古人忽略一笔一画而已。读外国书要把 A，B，C，D……等字母弄得清清楚楚。所以说这是很难的。如有人翻译英文，把 port 看作 pork，把 oats 看作 oaks，于是葡萄酒一变而为猪肉，小草变成了大树。说起来这种例子很多，这都是眼睛不精细的结果。书是文字做成的，不肯仔细认字，就不必读书。眼到对于读书的关系很大，一时眼不到，贻害很大，并且眼到能养成好习惯，养成不苟且的人格。

口到是一句一句要念出来，前人说口到是要念到烂熟背得出来。我们现在虽不提倡背书，但有几类的书，仍旧有熟读的必要：如心爱的诗歌，如精彩的文章，熟读多些，于自己的作品上也有良好的影响。读此外的书，虽不须念熟，也要一句一句念出来，中国书如此，外国书更要如此，念书的功用能使我们格外明了每一句的构造，句中各部分的关系。往往一遍念不通，要念两遍以上，方才能明白的。读好的小说尚且要如此，何况读关于思想学问的书呢？

　　心到是每章每句每字意义如何？何以如是？这样用心考究。但是用心不是叫人枯坐冥想，是要靠外面的设备及思想的方法的帮助。要做到这一点，须要有几个条件：

　　（一）字典，辞典，参考书等等工具要完备。这几样工具虽不能办到，也当到图书馆去看。我个人的意见是奉劝大家，当衣服，卖田地，至少要置备一点好的工具。比如买一本《韦氏大字典》，胜于请几个先生。这种先生终身跟着你，终身享受不尽。

　　（二）要做文法上的分析。用文法的知识，作文法上的分析，要懂得文法构造，方才懂得它的意义。

　　（三）有时要比较参考，有时要融会贯通，方能了解。不可但看字面。一个字往往有许多意义，读者容易上当。例如 turn 这字：

　　作外动字解有十五解，

　　作内动字解有十三解，

　　作名词解有二十六解，

　　共五十四解，而成语不算。

　　又如 strike：

　　作外动字解有三十一解，

　　作内动字解有十六解，

　　作名词解有十八解，

　　共六十五解。

又如 go 字最容易了，然而这个字：

作内动字解有二十二解，

作外动字解有三解，

作名词解有九解，

共三十四解。

以上是英文字须要加以考究的例子，英文字典是完备的；但是某一字在某一句究竟用第几个意义呢？这就非比较上下文，或贯串全篇，不能懂了。

中文较英文更难，现在举几个例：

祭文中第一句"维某年月日"之"维"字，究作何解？字典上说它是虚字。《诗经》里"维"字有二百多，必需细细比较研究，然后知道这个字有种种意义。

又《诗经》之"于"字，"之子于归""凤凰于飞"等句，"于"字究作何解？非仔细考究是不懂的。又"言"字人人知道，但在《诗经》中就发生问题，必须比较，然后知"言"字为连接字。诸如此例甚多，中国古书很难读，古字典又不适用，非是用比较归纳的研究方法，我们如何懂得呢？

总之，读书要会疑，忽略过去，不会有问题，便没有进益。

宋儒张载说："读书先要会疑。于不疑处有疑，方是进矣。"他又说："在可疑而不疑者，不曾学。学则须疑。"又说"学贵心悟，守旧无功。"

宋儒程颐说："学源于思。"

这样看起来，读书要求心到；不要怕疑难，只怕没有疑难。工具要完备，思想要精密就不怕疑难了。

现在要说手到。手到就是要劳动劳动你的贵手。读书单靠眼

到,口到,心到,还不够的,必须还得自己动动手,才有所得。例如:

（1）标点分段,是要动手的。

（2）翻查字典及参考书,是要动手的。

（3）做读书札记,是要动手的。札记又可分四类:

（a）抄录备忘。

（b）作提要,节要。

（c）自己记录心得。张载说"心中苟有所开,即便札记。不则还塞之矣。"

（d）参考诸书,融会贯通,作有系统的著作。

手到的功用,我常说:发表是吸收知识和思想的绝妙方法。吸收进来的知识思想,无论是看书来的,或是听讲来的,都只是模糊零碎,都算不得我们自己的东西。自己必须做一番手脚,或做提要,或做说明,或做讨论,自己重新组织过,申述过,用自己的语言记述过,——那种知识思想方才可算是你自己的了。

我可以举一个例。你也会说"进化",他也会谈"进化",但你对于"进化"这个观念的见解未必是很正确的,未必是很清楚的;也许只是一种"道听途说",也许只是一种时髦的口号。这种知识算不得知识,更算不得是"你的"知识。假使你听了我这句话,不服气,今晚回去就去遍翻各种书籍,仔细研究进化论的科学上的根据;假使你翻了几天书之后,发愤动手,把你研究所得写成一篇读书札记;假使你真动手写了这么一篇"我为什么相信进化论?"的札记,列举了:

（一）生物学上的证据。

（二）比较解剖学上的证据。

（三）比较胚胎学上的证据。

（四）地质学和古生物学上的证据。

（五）考古学上的证据。

（六）社会学和人类学上的证据。

到这个时候，你所有关于"进化论"的知识，经过了一番组织安排，经过了自己的去取叙述，这时候这些知识方才可算是你自己的了。所以我说，发表是吸收的利器；又可以说，手到是心到的法门。

至于动手标点，动手翻字典，动手查书，都是极要紧的读书秘诀，诸位千万不要轻轻放过。内中自己动手翻书一项尤为要紧。我记得前几年我曾劝顾颉刚先生标点姚际恒的《古今伪书考》。当初我知道他的生活困难，希望他标点一部书付印，卖几个钱。那部书是很薄的一本，我以为他一两个星期就可以标点完了。哪知顾先生一去半年，还不曾交卷。原来他于每条引的书，都去翻查原书，仔细校对，注明出处，注明原书卷第，注明删节之处。他动手半年之后，来对我说，《古今伪书考》不必付印了，他现在要编辑一部疑古的丛书，叫作"辨伪丛刊"。我很赞成他这个计划，让他去动手。他动手了一两年之后，更进步了。又超过那"辨伪丛刊"的计划了，他要自己创作了。他前年以来，对于中国古史，做了许多辨伪的文字；他眼前的成绩早已超过崔述了，更不要说姚际恒了。顾先生将来在中国史学界的贡献一定不可限量，但我们要知道他成功的最大原因是他的手到的工夫勤而且精。我们可以说，没有动手不勤快而能读书的，没有手不到而能成学者的。

第二要讲什么叫"博"。

什么书都要读，就是博。古人说："开卷有益"，我也主张这个意思，所以说读书第一要精，第二要博。我们主张"博"有两个意思：

第一，为预备参考资料计，不可不博。

第二，为做一个有用的人计，不可不博。

第一，为预备参考资料计。

在座的人，大多数是戴眼镜的。诸位为什么要戴眼镜？岂不是因为戴了眼镜，从前看不见的，现在看得见了；从前很小的，现在看得很大了；从前看不分明的，现在看得清楚分明了？王荆公说得最好：

> 世之不见全经久矣。读经而已，则不足以知经。故某目百家诸子之书，至于《难经素问本草》诸小说，无所不读；农夫女工，无所不问；然后于经为能知其大体而无疑。盖后世学者与先王之时异矣；不如是，不足以尽圣人故也。……致其知而后读，以有所去取，故异学不能乱也。惟其不能乱，故能有所去取者，所以明吾道而已。（答曾子固）

他说："致其知而后读。"又说"读经而已，则不足以知经。"即如《墨子》一书在一百年前，清朝的学者懂得此书还不多。到了近来，有人知道光学，几何学，力学，工程学等，一看《墨子》，才知道其中有许多部分是必须用这些科学的知识方才能懂的。后来有人知道了伦理学，心理学等，懂得《墨子》更多了。读别种书愈多，《墨子》愈懂得多。

所以我们也说，读一书而已则不足以知一书。多读书，然后可以专读一书。譬如读《诗经》，你若先读了北大出版的《歌谣周刊》，便觉得《诗经》好懂的多了；你若先读过社会学，人类学，你懂更多了；你若先读过文字学，古音韵学，你懂得更多了，你若读过考古学，比较宗教学等，你懂得的更多了。

你要想读佛家惟识宗的书吗？最好多读点伦理学，心理学，比较宗教学，变态心理学。

无论读什么书总要多配几副好眼镜。

你们记得达尔文研究生物进化的故事吗？达尔文研究生物演变的现状，前后凡三十多年，积了无数材料，想不出一个简单贯串的说明。有一天他无意中读马尔萨斯的人口论，忽然大悟生存竞争的原则，于是得着物竞天择的道理，遂成一部破天荒的名著，给后世思想界打开一个新纪元。

所以要博学者，只是要加添参考的材料，要使我们读书时容易得"暗示"；遇着疑难时，东一个暗示，西一个暗示，就不至于呆读死书了。这叫作"致其知而后读"。

第二，为做人计。

专工一技一艺的人，只知一样，除此之外，一无所知。这一类的人，影响于社会很少。好有一比，比一根旗杆，只是一根孤拐，孤单可怜。

又有些人广泛博览，而一无所专长，虽可以到处受一班贱人的欢迎，其实也是一种废物。这一类人，也好有一比，比一张很大的薄纸，禁不起风吹雨打。

在社会上，这两种人都是没有什么大影响，为个人计，也很少乐趣。

理想中的学者，既能博大，又能精深。精深的方面，是他的专门学问。博大的方面，是他的旁收博览。博大要几乎无所不知，精深要几乎唯他独尊，无人能及。他用他的专门学问做中心，次及于直接相关的各种学问，次及于间接相关的各种学问，次及于不很相关的各种学问，以次及毫不相关的各种泛览。这样的学者，也有一比，比埃及的金字三角塔。那金字塔高四百八十英尺，底边各边长七百六十四英尺。塔的最高度代表最精深的专门学问；从此点以次递减，代表那旁收博览的各种相关或不相关的学问。塔底的面积代表博大的范围，精深的造诣，博大的同情心。这样的人，对社会是极有用的人才，对自己也能充分享受人生的趣味。宋儒程颢说的好：

须是大其心使开阔：譬如为九层之台须大做脚始得。

博学之所以"大其心使开阔"。我曾把这番意思编成两句精浅的口号，现在拿出来贡献给诸位朋友，作为读书的目标：

为学要如金字塔，
要能广大要能高。

（选自《胡适文集》）

读韩愈

梁 衡

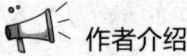作者介绍

梁衡,当代作家。

著有散文集《夏感与秋思》《只求新去处》《红色经典》《名山大川感思录》《人杰鬼雄》等。

韩愈为唐宋八大家之首,其文章写得好是真的。所以,我读韩愈其人是从读韩愈其文开始的,因为中学课本上就有他的《师说》《进学解》。课外阅读,各种选本上韩文也随处可见。他的许多警句,如:"师者,所以传道、授业、解惑也","业精于勤荒于嬉,行成于思毁于随"等,跨越了一千多年,仍在指导我们的行为。

但由文而读其人却是因一件事引起的。去年,到潮州出差,潮州有韩公祠,祠依山临水而建,气势雄伟。祠后有山曰韩山,祠前有水名韩江。当地人说此皆因韩愈而名。我大惑不解,韩愈

一介书生，怎么会在这天涯海角霸得一块山水，享千秋之祀呢？

原来有这样一段故事。唐代有个宪宗皇帝十分迷信佛教，在他的倡导下国内佛事大盛。公元819年，又搞了一次大规模的迎佛骨活动，就是将据称是佛祖的一块朽骨迎到长安，修路盖庙，人山人海，官商民等舍物捐款，劳民伤财，一场闹剧。韩愈对这件事有看法，他当过监察御史，有随时向上面提出诚实意见的习惯。这种官职的第一素质就是不怕得罪人，因提意见获死罪都在所不辞。所谓"文死谏，武死战"，韩愈在上书前思想好一番斗争，最后还是大义战胜了私心，终于实现了勇敢的"一递"，谁知奏折一递，就惹来了大祸；而大祸又引来了一连串的故事，成就了他的身后名。

韩愈是个文章家，写奏折自然比一般为官者也要讲究些，于理、于情都特别动人，文字铿锵有力。他说那所谓佛骨不过是一块脏兮兮的枯骨，皇帝您"今无故取朽秽之物，亲临观之"，"群臣不言其非，御史不举其失，臣实耻之。乞以此骨付之有司，投诸水火，永绝根本……岂不盛哉，岂不快哉！"这佛如果真的有灵，有什么祸殃，就让他来找我吧。（"佛如有灵，能作祸祟，凡有殃咎，宜加臣身。"）这真有一股不怕鬼、不信邪的凛然大气和献身精神。但是，这正应了我们现时说的，立场不同，感情不同这句话。韩愈越是肝脑涂地陈利害表忠心，宪宗就越觉得他是在抗龙颜，揭龙鳞，大逆不道。于是，大喝一声把他赶出京城，贬到八千里外的海边潮州去当地方小官。

韩愈这一贬，是他人生的一大挫折。因为这不同于一般的逆境，一般的不顺，比之李白的怀才不遇，柳永的屡试不第要严重得多，他们不过是登山无路，韩愈是已登山顶，又一下子被推到无底深渊。其心情之坏可想而知。他被押送出京不久,家眷也被赶出长安,年仅十二岁的小女儿也惨死在驿道旁。韩愈自己也觉得实在活得没有什么意思了。他在过蓝关时写了那首著名的诗。我向来觉得韩愈文好,诗却一般,只有这首,胸中块垒,笔底波涛,确是不一样:

  一封朝奏九重天,夕贬潮州路八千。
  欲为圣明除弊事,肯将衰朽惜残年。
  云横秦岭家何在?雪拥蓝关马不前。
  知汝远来应有意,好收吾骨瘴江边。

这是给前来看他的侄儿写的,其心境之冷可见一斑。但是,当他到了潮州后,发现当地的情况比他的心境还要坏。就气候水土而言这里还算富庶,但由于地处偏僻,文化落后,弊政陋习极多极重。农耕方式原始,乡村学校不兴。当时在北方早已告别了奴隶制,唐律明确规定了不准没良为奴,这里却还在买卖人口,有钱人养奴成风。"岭南以口为货,其荒阻处,父子相缚为奴。"其习俗又多崇鬼神,有病不求药,杀鸡杀狗,求神显灵。人们长年在浑浑噩噩中生活。见此情景韩愈大吃一惊,比之于北方的先进文明,这里简直就是茹毛饮血。同为大唐圣土,同为大唐子民,何忍遗此一隅,视而不救呢?用我们现在的话说,就是同在一片蓝天下,人人都该享有爱。按照当时的规矩,贬臣如罪人服刑,老老实实磨时间,等机会便是,决不会主动参政。但韩愈还是忍不住,他觉得自己的知识、能力还能为地方百姓做点事,觉得比之百姓之苦,自己的这点冤、这点苦反倒算不了什么。于是他到任之后，就如新官上任一般，连续干了四件事。一是驱除鳄鱼。当时鳄鱼为害甚烈，当地人又迷信，只知投牲畜以祭，韩愈"选材技吏民，操强弓毒矢"，大除其害。二是兴修水利，推广北方先进耕作技术。三是赎放奴婢。他下令奴婢可以工钱抵债，钱债相抵就给人自由，不抵者可用钱赎，以后不得蓄奴。四是兴办教育，请先生，建学校，甚至还"以正音为潮人诲"，用今天的话说就是推广普通话。不可想象，从他贬潮州到再离潮而贬袁州，八个月就干了这四件事。我们且不说这事的大小，只说他那片诚心。我在祠内仔细看着题刻碑文和有关资料。韩愈的确是个文人，干什么都要用文章来表现，也正是这一点为我们留下了如日记一样珍贵的史料。比如，除鳄之前，他先写了一篇《祭鳄鱼文》，这简直就是一篇讨鳄檄文。他说我受天子之命来守此土，而鳄鱼悍然在这里争食民畜，"与刺史亢拒，争为长雄。刺史虽驽弱，亦安肯为鳄鱼低首下心"。他限鳄鱼三日内远徙于海，三日不行五日，五日不行七日，再不行就是傲天子之命吏，"必尽杀乃止"！阴雨连绵不开，他连写祭文，祭于湖，祭于城隍，祭于石，请求天晴。他说天啊，老这么下雨，稻不得熟，蚕不得成，百姓吃什么，穿什么呢？要是我为官的不好，就降我以罪吧，百姓是无辜的，请降福给他们。（"刺史不仁，可以坐罪；惟彼无辜，惠以福也。"）一片拳拳之心。韩愈在潮州任上共有十三篇文章，除三篇短信，两篇上表外，余皆是驱鳄祭天，请设乡校，为民请命祈福之作。文如其人，文如其心。当其获罪海隅，家破人亡之时，尚能心系百姓，真是难能可贵了。

一个人为文不说空话，为官不说假话，为政务求实绩，这在封建时代难能可贵。应该说韩愈是言行一致的。他在政治上高举儒家旗帜，是个封建传统思想道德的维护者。传统这个东西有两面性，当它面对革命新潮时，表现出一副可憎的顽固面孔。而当它面对逆流邪说时，又表现出撼山易撼传统难的威严。韩愈也是这样，他一方面反对宰相王叔文的改革，一方面又对当时最尖锐的两个社会问题，即藩镇割据和佛道泛滥，深恶痛绝，坚决抨击。他亲自参加平定叛乱。到晚年时还以衰朽之身一人一马到叛军营中去劝敌投诚，其英雄气概不亚于关云长单刀赴会。他出身小户，考进士三次落第，第四次才中进士，在考官时又三次碰壁，乌纱帽得来不易，按说他该惜官如命，但是他两次犯上直言，被贬后又继续尽其所能为民办事。这是中国知识分子的传统，以国为任，以民为本，不违心，不费时，不浪费生命。他又倡导古文运动，领导了一场文章革命，他要求"文以载道"、"陈言务去"，开一代文章先河，砍掉了骈文这个重形式求华丽的节外之枝，而直承秦汉。所以苏东坡说他："文起八代之衰，道济天下之溺。"他既立业又立言，全面实践了儒家道德。

当我手倚韩祠石栏，远眺滚滚韩江时，我就想，宪宗佞佛，满朝文武，就是韩愈敢出来说话，如果有人在韩愈之前上书直谏呢？如果在韩愈被贬时又有人出来为之抗争呢？历史会怎样改写？还有在韩愈到来之前潮州买卖人口、教育荒废等四个问题早已存在，地方官吏走马灯似的换了一任又一任，其任职超过八个月的也大有人在，为什么没有谁去解决呢？如果有人在韩愈之前解决了这些问题，历史又将怎样写？但是没有，什么都没有。长安大殿上的雕梁玉砌在如钩晓月下静静地等待，秦岭驿道上的风雪，南海丛林中的雾瘴在悄悄地徘徊。历史终于等来了一个衰朽的书生，他长须弓背双手托着一封奏折，一步一颤地走上大殿，然后又单人瘦马，形影相吊地走向海边天涯。

人生的逆境大约可分四种。一曰生活之苦，饥寒交迫；二曰心境之苦，怀才不遇；三曰事业受阻，功败垂成；四曰存亡之危，身处绝境。处逆境之心也分四种，一是心灰意冷，逆来顺受；二是怨天尤人，牢骚满腹；三是见心明志，直言疾呼；四是泰然处之，尽力有力。韩愈是处在第二、第三种逆境，而选择了后两种心态，既见心明志，著文倡道，又脚踏实地，尽力去为。只这一点他比屈原、李白就要多一层高明，没有只停留在蜀道叹难，江畔沉吟上。他不辞海隅之小，不求其功之显，只是奉献于民，求成于心。有人研究，韩愈之前，潮州只有进士三名，韩愈之后，到南宋时，登第进士就达一百七十二名。是他大开教育之功。所以韩祠中有诗曰："文章随代起，烟瘴几时开。不有韩夫子，人心尚草莱！"这倒使我想到现代的一件实事。1957年反右扩大化中，京城不少知识分子被错划为右派，并发配到基层。当时王震同志主持新疆开发，就主动收容了一批。想不到这倒促成了春风度玉门，戈壁绽绿荫。那年我在石河子采访，亲自感受到充边文人的功劳。一个人不管你有多大的委屈，历史绝不会陪你哭泣，而它只认你的贡献。悲壮二字，无壮便无以言悲。这宏伟的韩公祠，还有这韩山韩水，不是纪念韩愈的冤屈，而是纪念他的功绩。

李渊父子虽然得了天下，大唐河山也没有听说哪山哪河易姓为李，倒是韩愈一个罪臣，在海边一块蛮夷之地视政八月，这里就忽然山河易姓了。历朝历代有多少人希望不朽，或刻碑勒石，或建庙建祠，但哪一块碑哪一座庙能大过高山，永如江河呢？这是人民对办了好事的人永久的纪念。一个人是微不足道的，但是

当他与百姓利益，与社会进步联在一起时就价值无穷，就被社会所承认。我遍读祠内凭吊之作，诗、词、文、联，上迄唐宋下至当今，刻于匾，勒于石，大约不下百十来件。一千多年了，各种人物在这里将韩公不知读了多少遍。我心中也渐渐泛起这样的四句诗：

一封朝奏九重天，夕贬潮州路八千。
八月为民兴四利，一片江山尽姓韩。

（选自《梁衡散文中学生读本》）

闪 电

[俄]康·帕乌斯托夫斯基 著 戴 骢 译

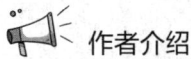作者介绍

康·帕乌斯托夫斯基，俄罗斯作家。

他于1956年发表的《金蔷薇》是一本创作札记，其中谈了许多创作体会和经历，受到广泛欢迎。他的作品多以普通人、艺术家为主人公，突出地表现了对人类美好品质的赞颂，具有动人的抒情风格。

构思是怎么诞生的？

构思的诞生和发展各各不一，几乎没有雷同的。因此要回答"构思是怎么诞生的"这个问题，显然不应去寻找笼而统之的答案，而要结合一篇篇具体的短篇小说、长篇小说或者中篇小说来谈。

至于问到需要具备一些什么，构思方能出现，或者用比较枯燥的话来讲，构思的产生必须以什么为先决条件，这倒是比较容

易回答的。构思的出现始终是由作家的内心状态孕育出来的。

要解释构思的产生，看来，最好的办法莫过于借重比喻。一些极其复杂的事情，若用比喻来加以解释，往往能收拨云见日的效果。

有一次，人们问天文学家金斯我们的地球有多大年纪了。

"你们想象一下，"金斯回答说，"有一座巍峨的大山，比方说吧，高加索的厄尔布鲁士山。你们再设想一下，有一只小麻雀在山顶上无忧无虑地跳来跳去，啄着这座山。这只麻雀把厄尔布鲁士山啄光需要多长时间，地球就已存在多长时间了。"

至于有助于领会构思是怎样产生的比喻，就远要简单得多了。

构思好比闪电。电日日夜夜在地面的上空积累，一旦空气中的电达到了饱和状态，一朵朵洁白的积云就会变成阴森的积雨云，于是从积雨云的稠密的带电的水汽中，便会爆发第一道火花——闪电。

几乎紧接在闪电之后，一场暴雨便会倾泻而下。

构思就如闪电，产生于人的满含思想、感情和记忆的印痕的意识之中。所有这一切是逐步地、慢慢地积累的，等到电位差增大到一定程度时，就必然导致放电现象。这时，意识这个被整个儿压缩的、还多少有点混乱的世界，便会诞生闪电，也就是说诞生构思。

构思之得以产生同闪电之得以产生一样，往往只需要一个极为轻微的推动力。

谁知道这种推动力是什么呢，可能是一次偶然的相逢，可能是印在心中的一句话，可能是一场梦，可能是远方的呼声，也可能是水滴映射出来的阳光或者是轮船的汽笛声。

存在于我们周围世界和我们自己身上的一切，都可能成为这种推动力。

列夫·托尔斯泰看见了一株断掉的牛蒡，便爆发了闪电：产生了描绘哈吉·穆拉特的那部令人惊叹的中篇小说的构思。

然而，托尔斯泰要是从未去过高加索，不知道也没有听说过哈吉·穆拉特的事迹，那么牛蒡就无从触发他这个构思。唯其因为托尔斯泰心里对这个题材已有所酝酿，所以牛蒡才引起了他必要的联想。

如果说闪电好比是构思的话，那么豪雨就是构思的体现。体现为形象与语言的和谐的洪流。体现为书。

但是跟明亮炫目的闪电不同，构思最初往往是模糊不清的。

"当时，这部自由的小说的远景，我虽然透过魔法的水晶，却仍然没有看得分明。"

构思只可能逐步成熟，逐步吸引作家的才智和心灵，逐步趋于周密、趋于复杂化。但是所谓"构思酝酿"的过程却全然不像某些幼稚的人所想象的那种样子。这绝不表现为作家抱住脑袋坐在那里向壁虚构，或者独自一人像个狂人似的口中念念有词地踱来踱去。

不，绝不是这样的！构思的形成和充实是个不间断的过程，每日每时，随时随地，在一切偶然事件中，在劳动中，在我们"转瞬即逝的生命"的喜怒哀乐中，不停顿地进行着的。

要想使构思成熟，作家决不可脱离生活，一味地去"冥思苦想"。相反，只有矢志不渝地接触现实，构思才得以绽出鲜花，灌满土地的浆汁。

闪电

总的说来，对于作家的工作存在有许多偏见和成见。其中有些庸俗得令人哭笑不得。

被庸俗化得最厉害的莫过于灵感了。

那些一知半解的人几乎总是把灵感曲解为诗人怀着莫名的狂喜，鼓出双眼，仰望天空，要不然就是咬鹅翎笔。

有部叫《诗人与沙皇》的影片，不消说，许多人还记得。在这部片子里，普希金坐在那里先是梦幻般地举目望一阵天空，随后痉挛地抓起笔来挥臂疾书，写了一阵又停下来，仰望苍天，咬鹅翎笔，然后又急急忙忙地奋笔疾书。

我们已看到过不知多少描绘普希金的文艺作品，把他糟蹋得像个亢奋的躁狂者！

在一次美术展览会上，展出了一座普希金的塑像，普希金又瘦又小，头发拳曲得像电烫过的，目光"充满灵感"。就在这座塑像前，我听到了一段有趣的对话。有个小姑娘皱着眉头，对这位普希金端详了半天后，问母亲道：

"妈妈，他在那里幻想还是怎么的？"

"是的，女儿，普希金伯伯在幻想。"母亲温柔地回答说。

普希金伯伯在不着边际地"幻想"！然而正是这位普希金曾这样谈到自己："我将长久地被人民喜爱，因为我的诗歌激起善良的感情，我在这冷酷的时代歌颂自由，并且为倒下的人呼吁宽容。"

而假如"神圣的"灵感"忽然降临"（必定是"神圣的"，而且必定是"忽然降临"）到作曲家身上，那么他就会抬起双眸，从容不迫地为此刻无疑正在他心中迸涌而出的如天籁般美妙的乐声打着拍子，那副样子跟莫斯科那座矫揉造作的柴可夫斯基纪念碑毫无二致。

不，灵感绝非如此！灵感乃是人的一种严谨的工作状态。精神的昂扬、焕发，绝非做戏时那种装腔作势、故作亢奋的动作。已成为老生常谈的"创作的甘苦"也是这样。

普希金曾对灵感作过言简而意赅的阐述。他说："灵感是能活跃地接纳印象，因此也就能敏捷地理解概念的一种情绪。而这种敏捷的理解力是有助于解释概念的。"他补充说："批评家们把灵感与亢奋混同了起来。"就像读者有时会把真实和貌似真实混同起来一样。

这还是小而言之。尤有甚者是某些画家和雕塑家把灵感同"癫狂状态"混为一谈。这实在是对作家艰苦劳动的无知和不敬。

柴可夫斯基曾经断言，灵感是人像犍牛一样竭尽全力地工作时的一种状态，而绝不是搔首弄姿地挥舞手臂。

请原谅我离开本题谈了上面这些话，但是我上面所谈的决非小小不言的事。因为世上还有鄙俗的人。

每个人一生中至少都出现过几次充满灵感的状态，亦即精神昂扬，生气蓬勃，敏锐地感受现实，思想活跃并意识到自己的创造力的状态。

是的，灵感乃是一种严谨的工作状态，但是它有其自己的诗的色彩，我认为不妨说，有其自己的诗的潜台词。

灵感来到我们身上时，就像夏日明媚的清晨，静夜的雾霭刚刚被它驱散，湿润丛浓的绿叶上披满晶莹的露珠，它，这清晨，小心翼翼地把有益于健康的凉气拂到我们的脸上。

灵感犹如初恋，这时心由于预感到即将有奇妙的约会，即将

见到美丽得难以形容的明眸和微笑,即将作欲言又止的交谈而怦怦跳动。

这时我们的内心世界犹如一件调好了弦的神奇的乐器,能够敏锐而正确地响应生活中的一切声音,即使这声音是最隐秘,最细微的。

关于灵感,作家和诗人写下了许多真知灼见。"诗人敏锐的耳朵刚一接触到神的声音"(普希金),"我那不安的心灵就归于宁静"(莱蒙托夫),"声音正由远而近,于是我的心灵便听命于这哀愁的声音,变得越来越年轻"(勃洛克),费特对于灵感曾作过中肯的形容:

> 只消推动一下,一条生气蓬勃的帆船
> 就可滑离被落潮熨平了的沙滩,
> 只消一个浪头,就能使它获得新生,
> 消受由繁花似锦的岸上送来的清风。

> 只消一个声音就能惊破一场忧伤的梦,
> 使你立即进入神秘而又亲切的意境,
> 使生活得到喘息,使隐痛化为喜悦,
> 使初逢的陌生人顷刻间变作了骨肉至亲……

屠格涅夫把灵感称作"神的君临",称作人的思想和感情的豁然开朗。他曾心有余悸地谈起过他在把这种豁然开朗的思想和感情形诸文字时所经受的闻所未闻的痛苦。

托尔斯泰对灵感所作的定义看来是最简明的了。他说:"灵感就是突然显现出你所能做到的事。灵感的光芒越是强烈,就越是要细心地工作,去实现这一灵感。"

尽管我们对灵感所下的定义不尽相同,但是我们都知道灵感是有助于成功的,它不应当没有给人们结出任何果实就悄然逝去。

(选自《金蔷薇》)

知人术

曾敏之

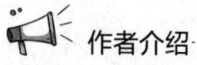作者介绍

曾敏之，作家。

著有《曾敏之杂文集》《望云海》《文苑春秋》等。

因台湾电影《烟雨》引起我对友情的一点发挥，这也许是阅世较深，经历有数之故罢？如果是初踏社会，阅历尚浅，知人不多，当然就不会有什么感受了。

但是社会是人与人的关系构成的，谁也避免不了人事关系，而朋友就属于人事的组成部分，只要不是离群索居，总会有朋友吧？因此人间就有了友情这门学问。

这是一门深不可测的学问，所以白居易有诗云："乃知择交难，须有知人明。"他的意思是要有知人之明，才能交到好朋友，对择交才有准则。古人曾强调："君子先择而后交，故寡尤，小人先交而后择，故多怨。"这就提出了择的重要性，择者，选择

也，而选择怎能缺少知人之明？

要有知人之明，谈何容易。以诸葛亮的修养、精明，尚对马谡的"言过其实"未能察知，以致有街亭失守之误，可见知之不易。为了识别人事，古代有专门的学问叫识鉴，有似星相家的察言观色，问讯穷根以判得失、成败一样，这种识鉴学最早见于《吕氏春秋》，它提出"八观""六验""六戚""四隐"一套方法。

先看"八观"。《吕氏春秋》认为："凡论人，通则观其所礼、贵则观其所进、富则观其所养、听则观其所行、止则观其所好、习则观其所言、穷则观其所不受、贱则观其所不为。"

这八观，就是观察一个人的立身行事，其中就有"听其言以观其行"，看看他是否言行一致。一个人处于穷困之境，看了他是否经得起考验，不至于卑躬屈膝以接受不义之助，干不义之事。同时也要看看他爱好什么，是不是以富骄人，是不是利用权势引用私人……这样观察人事，的确有助于对人的了解，也就是从事过调查研究方面，知道其人的品格、气质，于知人之道可说是有把握了，这样对于选择当然是有利的。

《吕氏春秋》提的"八观"，属于观察人事的一套方法。提的"六验"，却是考验或检验了，其"六验"，曰："喜之以验其守、乐之以验其僻、怒之以验其节、惧之以验其特、哀之以验其人、苦之以验其志。"

这六验，是可以看出一个人的品质个性的，例如人必有嗜好，就要看他所嗜是什么？是否影响操守？一个人也会有发怒的时候，但是否属于暴戾成性？还是怒于一时？林则徐为了使自己能克制，不可动辄生气，他曾在书房中用书法写了"制怒"两个大字，以作座右铭，可以时刻警惕不可"怒不可遏"以坏事，要能沉静以处事。这就是一种节制的表现。

六验中有矍、有哀。照我理解是不妨冲撞一下这个人,看看他有什么特殊反应以增加对其人的了解。不是有句俗语"碰他不得"吗?凡是碰不得的人,多有特性,是值得注意的。至于哀,可说是测验人的性情,或是人情味的范围了。

《吕氏春秋》还提到"六戚""四隐"。六戚是指"父母兄弟妻子","四隐"是指"交友故旧邑里门郭"。

六戚是血缘关系,是亲属关系,四隐是老友、旧属、同乡、同族关系。用现代流行的语言来说都是至亲好友、五同关系。而对待这种关系是否持有一种正确态度,也可作为检验一个人的品德教养的根据。《吕氏春秋》认为:"内则用六戚四隐,外则用八观六验,人之情伪美恶、无所失矣。"

这是说,用了观、验、戚、隐这几方面的方式方法去了解人,对人的真伪美丑都可作出判断了,对选择就有把握了,大至用人行政,小至结交往来,不是"心中有数"了吗?

话虽如此,其实要认识一个人的真性情、真面目也不是容易的。历史上的王莽,曾以让恭下士为天下士子所称道,曾以谦让博得朝野给他的美名,可是后来呢?突然摇身一变,变得尽反常态了,有一首诗就是描写他的嘴脸的,诗如下:

　　周公恐惧流言日　王莽谦恭下士时
　　假使当时身便死　一生真伪有谁知

这种翻脸不认人的伎俩,如今大有人在运用。看来,除了《吕氏春秋》所列知人术之外,我还推刘向的"睹小节、知大体"

论，他认为"见虎之尾，而知其大于狸也，见象之牙，而知其大于牛也"。这是通过实践、实验而测知人心、人面的较好方法。至于当今也曾有伪君子之流欺世盗名，以花言巧语甚至洋洋著作以行骗，就需要下研究工夫了，因为"不知言无以知人"，必须拆穿他的诳言才能露出伪相。

（选自《人文纪事》）

人 缘

王鼎钧

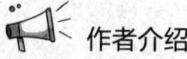

王鼎钧，作家、学者。

著有抒情散文《情人眼》《碎琉璃》《活到老，真好》《海水天涯中国人》《山里山外》等；小品《开放的人生》《人生试金石》等。

我跟某公司董事长做了多年邻居。当他的公司财源茂盛的时候，他的汽车辗扁了别家的小鸡。他的狼犬自由散步，对着邻家的小孩露出可怕的白牙。他修房子把建材堆在邻家门口。坦白地说，他在邻居中间没有什么人缘。

后来，他的公司因周转不灵而歇业，我们经常在巷道中相遇，我步行，他也步行。他的脸上有笑容了，他的下巴收起来了，他家的狼犬也拴上链子，他也经常摸一摸邻家孩子的头顶。可是，坦白地说，他仍然没有什么人缘。

一天，偶然跟他闲谈，谈到人间恩怨。我随口说："人在失意的时候得罪了人，可以在得意的时候弥补；在得意的时候得罪了人，却不能在失意的时候弥补。"言者无心，听者有意，他若有所悟。

他暂时停止改善公共关系，专心改善公司的业务。终于，公司又"生意兴隆通四海"，他又有汽车可坐，不过他的座车从此不再按喇叭叫门，并且在雨天减速慢行，小心防止车轮把积水溅到行人身上。他的下巴仍然收起来，仍然有时伸手摸一摸邻家孩子的头顶。后来，他搬家了，全体邻居依依不舍送到公路边上，用非常真诚的声音对他喊："再见！"

（选自《王鼎钧散文》）

论老之将至

[英] 伯特兰·亚瑟·罗素 著 申慧辉 译

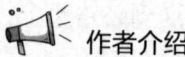作者介绍

伯特兰·亚瑟·罗素,英国哲学家、数学家、逻辑学家、历史学家。

著有《哲学原理》《哲学问题》《心的分析》《物的分析》《西方哲学史》《论教育》等。

虽然有这样一个标题,这篇文章真正要谈的却是怎样才能不老。在我这个年纪,这实在是一个至关重要的问题。我的第一个忠告是,要仔细选择你的祖先。尽管我的双亲皆属早逝,但是考虑到我的其他祖先,我的选择还是很不错的。是的,我的外祖父六十七岁时去世,正值盛年,可是另外三位祖父辈的亲人都活到八十岁以上。至于稍远些的亲戚,我只发现一位没能长寿的,他死于一种已罕见的病症:被杀头。我的一位曾祖母是吉本的朋友,她活到九十二岁高龄,一直到死,她始终是让子孙们全都感到敬畏的人。我的外祖母，一辈子生了十个孩子，活了九个，还有一个早年夭折，此外还有过多次流产。可是守寡之后，她马上就致力于妇女的高等教育事业。她是格顿学院的创办人之一，力图使妇女进入医疗行业。她总好讲起她在意大利遇到过的一位面容悲哀的老年绅士，她询问他忧郁的缘故，他说他刚刚失去了两个孙子。"天哪！"她叫道，"我有七十二个孙儿孙女，如果我每失去一个就要悲伤不止，那我就没法活了！""奇怪的母亲。"他回答说。但是，作为她的七十二个孙儿孙女的一员，我却要说我更喜欢她的见地。上了八十岁，她开始感到有些难于入睡，她便经常在午夜时分至凌晨三时这段时间里阅读科普方面的书籍。我想她根本就没有工夫去留意她在衰老。我认为，这就是保持年轻的最佳方法。如果你的兴趣和活动既广泛又浓烈，而且你又能从中感到自己仍然精力旺盛，那么你就不必去考虑你已经活了多少年这种纯粹的统计学情况，更不必去考虑你那也许不很长久的未来。

至于健康，由于我这一生几乎从未患过病，也就没有什么有益的忠告。我吃喝皆随心所欲，醒不了的时候就睡觉。我做事情从不以它是否有益健康为根据，尽管实际上我喜欢做的事情通常是有益健康的。

从心理角度讲，老年需防止两种危险。一是过分沉湎于往事。人不能生活在回忆当中，不能生活在对美好的往昔的怀念或对去世的友人的哀念之中。一个人应当把心思放在未来，放到需要自己去做点什么的事情上，要做到这一点并非轻而易举，往事的影响总是在不断地增加。人们总好认为自己过去的情感要比现在强烈得多，头脑也比现在敏锐。假如真的如此，就该忘掉它；

论老之将至

而如果可以忘掉它,那你自以为是的情况就可能并不是真的。

另一件应当避免的事是依恋年轻人,期望从他们的勃勃生气中获取力量。子女们长大成人之后,都想按照自己的意愿生活。如果你还像他们年幼时,那样关心他们,你就会成为他们的包袱,除非他们是异常迟钝的人。我不是说不应该关心子女,而是说这种关心应该是含蓄的,假如可能的话,还应是宽厚的,而不应该过分地感情用事。动物的幼子一旦自立,大动物就不再关心它们了。人类则因其幼年时期较长而难于做到这一点。

我认为,对于那些具有强烈的爱好、其活动又都恰当适宜、并且不受个人情感影响的人们,成功地度过老年绝非难事。只有在这个范围里,长寿才真正有益;只有在这个范围里,源于经验的智慧才能不受压制地得到运用。告诫已经成人的孩子别犯错误是没有用处的,因为一来他们不会相信你,二来错误原来就是教育所必不可少的要素之一。但是,如果你是那种受个人情感支配的人,你就会感到,不把心思都放在子女和孙儿女身上,你就会觉得生活很空虚。假如事实确是如此,那么当你还能为他们提供物质上的帮助,譬如支援他们一笔钱或者为他们编织毛线外套的时候,你就必须明白,绝不要期望他们会因为你的陪伴而感到快活。

有些老人因害怕死亡而苦恼。年轻人害怕死亡是可以理解的。有些年轻人担心他们会在战斗中丧生。一想到会失去生活能够给予他们的种种美好事物,他们就感到痛苦。这种担心并不是无缘无故的,也是情有可原的。但是,对于一位经历了人世的悲欢、履行了个人职责的老人,害怕死亡就有些可怜且可耻了。克服这种恐惧的最好办法是——至少我是这样看的——逐渐扩大你的兴趣范围并使其不受个人情感的影响，直至包围自我的围墙一点一点地离开你，而你的生活则越来越融合于大家的生活之中。每一个人的生活都应该像河水一样——开始是细小的，被限制在狭窄的两岸之间，然后热烈地冲过巨石、滑下瀑布。渐渐地，河道变宽了，河岸扩展了，河水流得更平衡了。最后，河水流入了海洋，不再有明显的间断和停顿，而后便毫无痛苦地摆脱了自身的存在。能够这样理解自己的一生的老人，将不会因害怕死亡而痛苦，因为他所珍爱的一切都将继续存在下去。而且，如果随着精力的衰退，疲倦之感日渐增加，长眠并非是不受欢迎的念头。我渴望死于尚能劳作之时，同时知道他人将继续我所未竟的事业，我大可因为已经尽了自己之所能而感到安慰。

（选自《罗素思想小品》）

一滴水可以活多久

迟子建

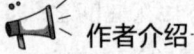 作者介绍

迟子建，作家。

代表作有《树下》《晨钟响彻黄昏》《伪满洲国》《越过云层的晴朗》等。

    这滴水诞生于凌晨的一场大雾。人们称它为露珠，而她只把它当作一滴水来看待，它的的确确就是一滴水。最初发现它的人是一个七八岁的小女孩，她不是在玫瑰园中发现它的，而是为了放一只羊去草地在一片草茎的叶脉上发现的。那时雾已散去，阳光在透明的空气中飞舞。她低头的一瞬发现了那滴水。它饱满充盈，比珠子还要圆润，阳光将它照得肌肤浏亮，她在敛声屏气盯着这滴水看的时候不由发现了一只黑黑的眼睛，她的眼睛被水珠吸走了，这使她很惊讶。我有三只眼睛，两只在脸上，一只在草叶上，她这样对自己说。然而就在这时她突然打了一个喷嚏，那

柔软的叶脉随之一抖,那滴水骨碌一下便滑落了。她的第三只眼睛也随之消失了。她便蹲下身子寻找那滴水,她太难过了,因为在此之前她从未发现过如此美的事物。然而那滴水却是难以寻觅了。它去了哪里?它死了吗?

后来她发现那滴水去了泥土里,从此她便对泥土怀着深深的敬意。人们在那片草地上开了荒,种上了稻谷,当沉甸甸的粮食蜕去了糠皮在她的指间矜持地散发出成熟的微笑时,她确信她看见了那滴水。是那滴水滋养了金灿灿的稻谷,她在吃它们时意识里便不停地闪现出凌晨叶脉上的那滴水,它莹莹欲动,晶莹剔透。她吃着一滴水培育出来的稻谷一天天地长大了,有一个夏日的黄昏她在蚊蚋的歌唱声中发现自己成了一个女人,她看见体内流出的第一滴血时确信那是几年以前那滴水在她体内作怪的结果。她开始长高,发丝变得越来越光泽柔顺,胸脯也越来越丰满,后来她嫁给了一个种地的男人。她喜欢他的力气,而他则依恋她的柔情。她怎么会有这么浓的柔情呢?她俯在男人的肩头老有说也说不尽的话,好在夜晚时被男人搂在怀里就总也不想再出来,后来她明白是那滴水给予她的柔情。不久她生下了一个孩子,她的奶水真旺啊,如果不吃那滴水孕育出的稻米,她怎么会有这么鲜浓的奶水呢?后来她又接二连三地生孩子,渐渐地她老了,她在下田时常常眼花,即使阴雨绵绵的天气也觉得眼前阳光飞舞。她的子孙们却像椴树林一样茁壮地成长起来。

她开始抱怨那滴水,你为什么不再给予我青春、力量和柔情了呢?难道你真的死去了吗?她步履蹒跚着走向童年时去过的那片草地,如今那里已经是一片良田,入夜时田边的水洼里蛙声阵阵。再也不见碧绿的叶脉上那滴纯美之极的水滴了,她伤感地落泪了。她的一滴泪水滑落到手上，她又看见了那滴水，莹白圆润，经久不衰。你还活着，活在我的心头！她惊喜地对着那滴水说。

　　她的牙齿渐渐老化，咀嚼稻米时显得吃力了。儿孙们跟她说话时要贴着她耳朵大声地叫，即使这样她也只是听个一知半解。她老眼昏花，再也没有激情俯在她男人的肩头咕哝不休了。而她的男人看上去也畏畏缩缩，终日垂头坐在门槛前的太阳底下，漠然平静地看着脚下的泥土。有一年的秋季她的老伴终于死了，她嫌他比自己死得早，把她给丢下了，一滴眼泪也不肯给予他。然而埋葬他后的一个深秋的月夜，她不知怎的格外想念他，想念他们的青春时光。她一个人拄着拐杖哆哆嗦嗦地来到河边，对着河水哭她的伴侣。泪水落到河里，河水仿佛被激荡得上涨了。她确信那滴水仍然持久地发挥着它的作用，如今那滴水幻化成泪水融入了大河。而她每天又都喝着河水，那滴水在她的周身循环着。

　　直到她衰老不堪即将辞世的时候，她的意识里只有一滴水的存在。当她处于弥留之际，儿孙们手忙脚乱地为她穿寿衣，用河水为她洗脸时，她的头脑里也只有一滴水。那滴水湿润地滚动在她的脸颊为她敲响丧钟。她仿佛听到了叮当叮当的声音。后来她打了一个微弱的喷嚏，安详地合上眼帘。那滴水随之滑落在地，渗透到她辛劳一世的泥土里。她不在了，而那滴水却仍然活着。

　　她在过世后又变成了一个七八岁的小女孩，有一天凌晨大雾消散后她来到一片草地，她在碧绿的青草叶脉上发现了一颗露珠，确切地说是一滴水，她还看见了一只黑亮的眼睛在水滴里闪闪烁烁，她相信她与一生中所感受的最美的事物相逢了。

（选自《迟子建散文精品选》）

音乐与人生

丰子恺

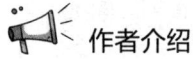作者介绍

  丰子恺,画家、散文家、美术教育家、音乐教育家、漫画家、翻译家。

  著有《缘缘堂随笔》《丰子恺书法》《丰子恺儿童漫画选》《护生画集》等。

  一定有多数的学生感到:上音乐课——唱歌——比上别的课更为可亲,音乐教室里的空气比别处的空气更为温暖。即此一点,已可窥见音乐与人生关系的深切。艺术对于人心都有很大的感化力。音乐为最微妙而神秘的艺术。故其对于人生的潜移默化之力也最大。对于个人,音乐好像益友而兼良师;对于团体生活,音乐是一个无形而有力的向导者。

  个人所受于音乐的惠赐,主要的是慰安与陶冶。

  我们的生活,无论求学、办事、做工,都要天天运用理智,

不但身体勤劳，精神上也是很辛苦的。故古人有"世智""尘劳"等话。可见我们的理智生活很多辛苦，感情生活是常被这世智所抑制而难得舒展的。给我以舒展感情生活的机会的，只有艺术。而艺术中最流动的、活泼的音乐，给我们精神上的慰安尤大。故生活辛劳的人，都自然地要求音乐。像农夫有田歌，舟人有棹歌，做母亲的有摇篮歌，一般劳动者都喜唱山歌，便是其实例。他们一日间生活的辛苦，可因这音乐的慰安而恢复。故外国的音乐论者说："music as food"。其意思就是说，音乐在人生同食物一样重要。食物是营养身体的，音乐是营养精神的，即"音乐是精神的食粮"。

音乐既是精神的食粮，其影响于人生的力当然很大。良好的音乐可以陶冶精神，不良的音乐可以伤害人心。故音乐性质的良否，必须审慎选择。譬如饮料，牛乳的性质良好，饮了可使身体健康；酒的性质不良，饮了有害身体。音乐也如此，高尚的音乐能把人心潜移默化，养成健全的人格；反之，不良的音乐也会把人心潜移默化，使他不知不觉地堕落。故我们必须慎选良好的音乐，方可获得陶冶之益。古人说，"作乐崇德"。就是因为良好的音乐，不仅慰安，又能陶冶人心，而崇高人的道德。学校中定音乐为必修科，其主旨也在此。所以说，音乐对于个人是益友而兼良师。

团体所受于音乐的支配力更大。吾人听着或唱着一种音乐时，其感情同化于音乐的曲趣中。故大众同听或同唱一种音乐时，大众的感情就融洽，团结的精神便一致。爱国歌可使万民慷慨激昂，军歌可使三军勇往直前，追悼歌可使大众感慨流泪，便是音乐的神秘的支配力的显示。古人有"乐以教和"的话，其意思就是说，音乐能使大众的心一致和洽。故自来音乐的发达与否，常与民族的盛衰相关，其例证很多：我国古时周公制礼作乐，而周朝国势全盛，罗马查理大帝（Charlemagne，768—814）的统一欧洲，正是"格列高里式歌谣'格里哥利圣咏'"（上代罗马法王〔教皇〕Gregory I〔格里哥利一世〕所倡的音乐）发达的时代。普法战争以前的德国，国势非常强盛。当时国内音乐也非常发达，裴德芬〔贝多芬〕（Beethoven）、修裴尔德〔舒伯特〕（Schubert）、孟特尔仲〔门德尔松〕（Mendelssohn）、修芒〔舒曼〕（Schumann）、勃拉姆斯（Brahms）等大音乐家辈出，握世界音乐的霸权。又如西班牙国力衰弱时，国内不正当的俗乐非常流行，日本江户时代盛行淫荡的俗乐，国势就很衰弱。凡此诸例，虽然不能确定音乐的盛衰是民族盛衰的原因，但至少是两者互相为因果的。郑卫的音乐（春秋战国时郑卫两国的音乐有"乱世之音"之称。——编者注）被称为"亡国之音"。可知音乐可以兴国，也可以亡国。所以说，音乐对于团体是有力的向导者。

今日的中国，正需要着这有力的向导者。我们的民族精神如此不振，缺乏良好的大众音乐是其一大原因。欲弥补这缺陷，需要当局的提倡，作家的努力和群众的理解。这册教科书的效用只及于最后的一项而已。

（选自《丰子恺集》）

莫扎特音乐可以养生

李欧梵

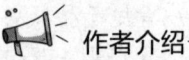
作者介绍

李欧梵,作家、学者、文化评论员。

著有《铁屋中的呐喊:鲁迅研究》《中国现代作家中浪漫的一代》《中西文学的徊想》《西潮的彼岸》《狐狸洞话语》《上海摩登》等。

古典音乐可以养生?你有没有搞错?

不少人早上起来做运动,做晨操,随着急速的音乐旋律,伸手弯腰,蹦蹦跳跳,我觉得对我这种"后中年"或"前老年"的人太激烈了。我和妻子醒来也做晨操,但做的是一种较温和的"五一五平衡操",把浑身的穴位和关节先疏通了,然后起床。早上第一件事就是打开音响,此时刚睡醒,大多希望有一个宁静的自我时间和空间,不喜欢听到别人唠唠叨叨的讲话,但打开收音机,台台都有人在讲话,实在受不了,只好关上收音机,选几张古典音乐的唱碟来听。

清晨时分头脑不能够承受太多的刺激，所以音乐也选择以较温和或轻松的为主，大部头的交响乐或歌剧还是晚间听为宜。我近来最喜欢听的是莫扎特的弦乐四重奏和五重奏（四种弦乐器加一把中提琴），认为这才是养生的"妙药"！

有人说母牛吃草时听莫扎特的音乐，体内牛奶就会增多；襁褓中的婴儿多听莫扎特，也会更有智慧。这类传说我却半信半疑，况且我早已过了幼童时代，现在只有在学院里"俯首甘为孺子牛"的身份，教书不用挤奶，但需用脑，人到了这个岁数，只求自己身心健康，多活几年，与吾妻长相厮守。这个愿望却和莫扎特的生平大相径庭，他生前命途多舛，英年早逝，只活了三十五岁。不过，他仍然为后世留下了如此丰富的音乐遗产。

早上听莫扎特，别有一番滋味，特别是弦乐的声音更能浸入我心（我幼时学过小提琴）。莫扎特的音乐旋律永远那么优美，节奏轻盈，听来绝不拖泥带水，令我全身舒畅。只听小提琴奏鸣曲则略嫌单薄，而四重奏或五重奏则犹如四五好友娓娓私语，更带有一种人道精神，无形中感受到一种"做人"的乐趣，而不像听现代作曲家如勋伯格那么绝望。这当然是我的主观想法和愿望，你可以不信。

更妙的是莫扎特的音乐节奏更适于健身，以我甚喜欢的《G小调弦乐五重奏》（K516）为例。开始的第一乐章（快板）就使我不自觉地随着节奏"摇头摆尾"起来，但耳朵里传来的却是第一小提琴和第一中提琴的对话，所以我也时左时右地倾听（用耳机听更传神），主旋律一遍又一遍地重复变奏，直到结尾时我的头部也左右前后摇摆得差不多了。到了第二乐章的

Menuetto，我从坐姿改为站姿，竟然跳起宫廷舞来，跨着小方步，或在原地踏步，双手开始指挥，两臂略作伸展，一边听着那两把中提琴的声音在轻轻地飞来飞去，而第一小提琴的声音似乎早已飞向云端，只有第二小提琴和大提琴还在打拍子。到了第三乐章（不太慢的慢板），音调缓和了一点，我又坐在沙发上静听，却逐渐感受到一股哀伤，似乎莫扎特在偷偷地流眼泪，我也屏息静气，随着那股伤感的调子，缓缓地做深呼吸。当旋律渐慢时我不自觉地弯下身子，两手几乎着地，想要向莫扎特的亡魂顶礼膜拜，继之又仰起身子，叹了一口气，随着节拍点头。到了最后第四乐章，开始时又是慢板，小提琴和大提琴一句接一句地互相倾诉，中提琴却在旁侍候，一波又一波的情感涌了出来，我听呆了，不觉闭上眼睛，但节奏又突然转成快板，于是又带着我跳起舞来，但又觉得莫扎特欲言又止，把悲情隐藏在较快的节奏后面。于是我又"摇头摆尾"起来，两腿在原地作小步舞，两臂似指非指，上下作展翼状，顿觉自己的灵魂也飞上了天。

一曲听完，不觉已过了半个钟头，我的身心都被洗涤得干干净净！翻开此曲的解说，这才发现此曲是莫扎特丧父不久之后作的，怪不得"欲盖弥彰"，还是掩盖不了悲情，但他的乐曲节奏——不论是快板或慢板——都像是行云流水，带给听者一股无以名状的安慰和快感。经过半小时的修身养性的功夫之后，就该出门"搏命"去了。

看至此处，很多读者一定会说，你早已半退休了，所以才有闲情听音乐，我们一早起身就要去赶地铁上班，早饭都来不及吃，何来时间听音乐？此言不虚。触动我写这篇文章的动机是一件真实的遭遇。在一次音乐会中见到我妻以前在保险公司工作的一位同事，相谈甚欢，因为他也是一个古典音乐迷，年纪比我轻得多，他告诉我说，每天上午工作前一定要听一个多小时的古典音乐，才有精神去"搏命"。

除了养生之外，古典音乐的用途更多。我在读书写作时必听音乐，即使不能专心听每一个音符，当"背景音乐"听也自得其乐。此时我就会听莫扎特的交响乐和钢琴协奏曲，特别是后者。他一生作了三十多首钢琴协奏曲，曲曲精彩。开车上班的人在车中听这种音乐也最适合，保证轻松愉快，心平气和。我听着则更有写作灵感。因为这些曲子勾起了我不少回忆，内中尤以第二十三号钢琴协奏曲（A大调，K488）为最。记得三十多年前我还在哈佛做研究生的时候，读书之余喜欢"玩电影"，用八毫米的摄影机拍了一部二十多分钟的默片，在首映这部"处女作"时，我就用这首曲子作配音。片中有一景，一个华人留学生孤苦伶仃回家自己做饭吃，还特别在餐桌上点了蜡烛，然后又去开唱机，边吃边听莫扎特的这首协奏曲的慢板乐章。虽然我临场手忙脚乱，但演出还是很成功，在自己和一位朋友租住的公寓里，大家济济一堂，有人为我拍下一张做"放映师"的珍贵照片，曾被牛津大学出版社采用作拙著《我的哈佛岁月》的封面。这本书也是在莫扎特的音乐声中写出来的。走笔至此，耳边却传来莫扎特弦乐四重奏第十八号（K464）的慢板乐章，今天只听莫扎特！

多年来在怀旧之余，我对这首钢琴协奏曲情有独钟，百听不厌。有时候一边听"老版本"的莫扎特钢琴协奏曲，一边重温经典名著，真是别有一番滋味在心头。就以此曲为例，从第二乐章的"慢板"（Adagio）到第三乐章的"适度的快板"（Allegro Assai），在高手如鲁宾斯坦的演奏之下，转接得天衣无缝，乐队的节奏与钢琴互相唱和，我听时不知不觉又点起头来，此时又在心目中默念菲茨杰拉德（Fitzgerald）的《了不起的盖茨比》中流畅的英文句子，音乐和文学在脑中混在一起，真是不亦乐乎。谁说读菲茨杰拉德必须听爵士乐，就因为二十世纪二十年代的美国正是"爵士年代"？于是我又想到理论家（也是古典音乐爱好者）萨义德所谓的"对等读法"（contrapuntal reading）——把文本和其所产生的社会脉络作"对等"读，我为何不可以把莫扎特和菲茨杰拉德对着读？

到晚饭时间，老婆为我做了各样素食，美味可口，但我还是先要选出一张莫扎特的唱片助兴，他的夜曲，不是一般常听到的《小夜曲》——半个世纪前我在新竹中学做初中生，每天中午在教堂吃午餐"便当"的时候，学校的播音器里都会传来这首极熟悉的调子，我实在有点听厌了——而是他的两首 Serenade，《哈夫纳》（Haffner）和《邮车号角》（Posthorn）。吃着吃着，我又跳起舞来，老婆骂我一句"神经病"！我说这样可以帮助消化，又是养生之道，何乐而不为。

对于我在日常生活中每天听莫扎特，有人也许会问：如果不喜欢莫扎特怎么办？我的回答是：换上你喜欢的作曲家就行了。莫扎特之外，还有海顿，试试他的《玩具》、《时钟》或《惊愕》，如果嫌海顿"爸爸"太老气了，还有永远的勃拉姆斯。

说起勃拉姆斯，香港小交响乐团的指挥叶咏诗也十分爱好他的交响乐，还特别指挥了一场介绍勃拉姆斯的音乐会，听众反应热烈，我也躬逢其盛，增长不少音乐知识。最近她又在另一场音乐会中指挥勃拉姆斯的《第四交响曲》，速度奇快！我边听边想，拖了我上台指挥此曲，如果也用这个速度的话，我必会昏倒在台上!

　　不错,我有时也用勃拉姆斯的四首交响曲来运动健身,听着他那种欲言又止的哀怨乐句,我又会"揭竿而起"——只要手边有任何像指挥棒的东西,如钢笔、铅笔、刀叉或筷子皆可,大力挥舞,把情绪挥发出来,一个乐章尚未告终,我早已大汗淋漓,这也是一种很好的运动。

　　如果嫌勃拉姆斯的四首交响曲仍然太沉闷,还有他的《匈牙利舞曲》,可以随歌起舞。听不惯勃拉姆斯,也可以听较轻松的德沃夏克,他和贝多芬一样,作了九首交响曲,尤以第九号(别号"新世界")最有名,也是我在家对老婆表演的拿手好戏。当然,更轻盈也更适合运动的是他的《斯拉夫舞曲集》,优美的节奏可以带你神游波希米亚的草原。

　　年轻人或会怪我:"老头子才会用古典音乐来健身养生,我们不要慢板,只要快板!"不错,流行曲抓住了年轻人的欲望脉搏和节奏,但内容未免太单薄了一点吧!其实古典音乐中以性和欲望为主题的也不少,拉威尔(Maurice Ravel,1875—1937)的《波莱罗》一向被视为做爱的音乐,其实不然,它只能做"前奏曲",后面的"重头戏"要配以奥尔夫的《布兰诗歌》(Carmina Burana),那才是高歌狂欢、高潮迭起的音乐!但最好还是双方带了耳机听,以免影响邻居的睡眠,因为他们明天一大早还要起床上班,为赚钱而"搏命"。

(选自《音乐札记》)

茶在英国

萧 乾

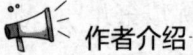 作者介绍

萧乾,翻译家、作家。

主要著译作有《篱下集》《一本褪色的相册》《莎士比亚戏剧故事集》《尤利西斯》等。

中国人常说,好吃不如饺子,舒服不如躺着。英国人在生活上最大的享受,莫如在起床前倚枕喝上一杯热茶。四十年代在英国去朋友家度周末,入寝前,主人有时会问一声:早晨要不要给你送杯茶去?

那时,我有位澳大利亚朋友——著名男高音纳尔逊·伊灵沃茨。退休后,他在斯坦因斯镇买了一幢临泰晤士河的别墅。他平生有两大嗜好:一是游泳,二是饮茶。游泳,河就在他窗下。为了清早一睁眼就喝上热茶,他在床头设有一套茶具,墙上安装了插销。每晚睡前他总在小茶壶里放好适量茶叶,小电锅里放上

水。一睁眼，只要插上电，顷刻间就沏上茶了。他非常得意这套设备。他总一边啜着，一边哼起什么咏叹调。

从二次大战的配给，最能看出茶在英国人生活中的重要性。英国一向依仗有庞大帝国，生活物资大都靠船队运进。一九三九年九月宣战后，纳粹潜艇猖獗，英国商船在海上要冒很大风险，时常被鱼雷击沉。因此，只有绝对必需品才准运输（头六年，我就没见过一只香蕉）。然而在如此艰难的情况下，居民每月的配给还包括茶叶一包。在法国，咖啡的位置相当于英国的茶。那里的战时配给品中，短不了咖啡。一九四四年巴黎解放后，我在钱能欣兄家中喝过那种"战时咖啡"，实在难以下咽。据说是用炒橡皮籽磨成的！

然而那时英国政府发给市民的并不是榆树叶，而是真正在锡兰（今斯里兰卡）生产的红茶。只是数量少得可怜，每个月每人只有二两。

我虽是蒙古族人，一辈子过的却是汉人生活。初抵英伦，我对于茶里放牛奶和糖，很不习惯。茶会上，女主人倒茶时，总要问一声："几块方糖？"开头，我总说："不要，谢谢。"但是很快我就发现，喝锡兰红茶，非加点糖、奶不可。不然的话端起来，那茶是张紫色的，仿佛是鸡血。喝到嘴里则苦涩得像是吃未熟的柿子。所以锡兰茶亦有"黑茶"之称。

那些年想喝杯地道的红茶（大多是"大红袍"）。就只有去广东人开的中国餐馆。至于龙井、香片，那就仅仅在梦境中或到哪位汉学家府上去串门，偶尔可以尝到。那绿茶平时他们舍不得喝。待来了东方客人，才从橱柜的什么角落里掏出。边呷着茶边谈论李白和白居易。刹那间，那清香的茶水不知不觉把人带回到唐代的中国。

作为一种社交方式,我觉得茶会不但比宴会节约,也实惠并且文雅多了。首先是那气氛。朋友相聚,主要还是为叙叙旧,谈谈心,交换一下意见。宴会坐下来,满满一桌子名酒佳馔往往压倒一切。尤其吃鱼,为了怕小刺扎入喉间,只能埋头细嚼慢咽。这时,如果太讲礼节,只顾了同主人应对,一不当心,后果真非同小可!我曾多次在宴会上遇到很想与之深谈的人,而且彼此也大有可聊的,怎奈桌上杯盘交错,热气腾腾,即便是邻座,也不大谈得起来。倘若中间再隔了数人,就除了频频相互举杯,遥遥表示友好之情外,实在谈不上几句话。我尤其怕赴闹酒的宴会:出来一位打通关的勇将,摆起擂台,那就把宴请变成了灌醉。

茶会则不然。赴茶会的没有埋头大吃点心或捧杯牛饮的,谈话成为活动的中心。主持茶会真可说是一种灵巧的艺术。要既能引出大家共同关心的题目,又不让桌面胶着在一个话题上。待一个问题谈得差不多时,主人会很巧妙地转换到另一个似是相关而又别一天地的话料儿上,自始至终能让场上保持着热烈融洽的气氛。茶会也是结束后,人人仿佛都更聪明了些,相互间似乎也变得更为透明。在茶会上,既要能表现机智风趣,又忌讳说教卖弄。茶会最能使人觉得风流倜傥,也是训练外交官的极好场地。

英国人请人赴茶会时发的帖子最为别致含蓄。通常只写:

  某某先生暨夫人
    将于某年某月某日下午某时
      在家

既不注明"恭候",更不提茶会。萧伯纳曾开过一次玩笑。当他收到这样一张请帖时,他回了个明信片,上书:

萧伯纳暨夫人
　　将于某年某月某日下午某时
　　　　也在家

英国茶会上有个规矩:面包点心可以自取,但茶壶却始终由女主人掌握(正如男主人对壁炉的火具有专用权)。讲究的,除了茶壶之外,还备有一罐开水。女主人给每位客人倒茶时,都先问一下"浓还是淡"。如答以后者,她就在倒茶时,兑上点开水。放糖之前,也先问一声:"您要几块?"初时,我感到太啰嗦。殊不知这里包含着对客人的尊重之意。

我在英国还常赴一种很实惠的茶会,叫作"高茶"。实际上是把茶会同晚餐连在一起。茶会一般在四点至四点半之间开始,高茶则多在五点开始。最初,桌上摆的和茶会一样,到六点以后,就陆续端上一些冷肉或炸食。客人原座不动,谈话也不间断。我说高茶"很实惠",不但指吃的样多量大,更是指这样连续四五个小时的相聚,大可以海阔天空地足聊一通。

茶会是剑桥大学师生及同学之间交往的主要场合,甚至还可以说它是一种教学方式,每个学生都各有自己的导师。当年我那位导师是戴迪·瑞兰兹,他就经常约我去他寓所用茶。我们一边饮茶,一访就讨论起弗吉尼亚·伍尔夫或戴维·赫·劳伦斯了。那些年,除了同学互请茶会外,我还不时地赴一些教授的茶会。其中有经济大师凯恩斯的高足罗宾逊夫人和当时正在研究中国科学史的李约瑟,以及二十年代到中国讲过学的罗素。在这样的茶会,还常常遇到其他教授。他们记下我所在的学院后,也会来约请。人际关系就这么打开了。然而当时糖和茶的配给,每人每月就那么一丁点儿,还能举行茶会吗?

这里就表现出英国国民性的两个方面。一是顽强:尽管四下里丢着卍字号炸弹,茶会照样举行不误;正如位于伦敦市中心的国家绘画馆也在大轰炸中照常举行"午餐音乐会"一样。这是在精神上顶住希特勒淫威的表现。另一方面是人际关系中讲求公道。每人的茶与糖配给既然少得么可怜,赴茶会的客人大多从自己的配给中捏出一撮茶叶和一点糖,分别包起,走进客厅,一面寒暄,一面不露声色地把自己带来的小包包放在桌角。女主人会瞟上一眼,微笑着说:"您太费心啦!"

关于中国对世界的贡献,经常被列举的是火药和造纸。然而在中西交通史上,茶叶理应占有它的位置。

茶叶似乎是十七世纪初由葡萄牙人最早引到欧洲的。一六〇〇年英国的茶叶商托马斯·加尔威写过《茶叶和种植、质量与品德》一书。英国茶商起初是东印度公司从厦门引进的。一六七七年,共进口了五千磅。十七世纪四十年代,英人在印度殖民地开始试种茶叶。那时可能就养成了在茶中加糖的习惯。一七六七年,一个叫作阿瑟·扬的人,在《农夫书简》中抱怨说,英国花在茶与糖上的钱太多了,"足够为四百万人提供面包。"当时茶与酒的消耗量已并驾齐驱。一八〇〇年那年,英国人消耗了十五万吨糖,其中很大一部分是用在饮茶上的。

十七世纪中叶,英国上流社会已有了饮茶的习惯。以日记写作载入英国文学史的撒姆尔·佩皮斯在一六六〇年九月二十五日的日记中做了饮茶的描述。当时上等茶叶每磅可售到十英镑——合成现在的英镑，不知要乘上几十几百倍了。所以只有王公贵族才喝得起。随着进口量的增加，茶变得普及了。一七九九年，一位伊顿爵士写道："任何人只消走进米德尔塞克斯或萨里郡（按：均在伦敦西南）哪家贫民住的茅舍，都会发现他们不但从早到晚喝茶，而且晚餐桌上也大量豪饮。"（G·M·见特里维林：《英国社会史》）。

茶叶还成了美国人抗英的独立战争的导火线。这就是历史上有名的"波士顿事件"。一七七三年十二月十六日，美国市民愤于英国殖民当局的苛捐杂税，就装扮成印第安人，登上开进波士顿港的英伦，将船上一箱箱的茶叶投入海中，从而点燃起独立运动的火炬。

咱们中国人大概很在乎口福，所以说起合不合自己的兴趣时，就用"口味"来形容。英国人更习惯用茶来表示。当一个英国人不喜欢什么的时候，他就说："这不是我那杯茶。"

十八世纪以《训子家书》闻名的柴斯特顿勋爵（1694—1773）曾写道："尽管茶来自东方，它毕竟是绅士气味的。而可可则是个痞子，懦夫，一头粗野的猛兽。"这里，自然表现出他对非洲的轻蔑，但也看得出茶在那时是代表中国文明的。以英国为精神故乡的美国小说家亨利·杰姆士（1843—1916）在名著《仕女画像》一书中写道："人生最舒畅莫如饮下午茶的时刻。"

湖畔诗人柯勒律治（1875—1912）则慨叹道："为了喝到茶而感谢上帝！没有茶的世界真难以想象——那可怎么活呀！我幸而生在有了茶之后的世界。"

（选自《萧乾散文选》）

《红楼》饮馔谈

周汝昌

作者介绍

周汝昌,红学家、古典文学专家,诗人,书法家。

代表作有《红楼梦新证》《曹雪芹传》《书法艺术》《杨万里选集》等。

不知由于什么原因《红楼梦》的读者和研究者之中有些人总以为曹雪芹是个"讲吃讲喝"的作家。这其实是一个错觉。雪芹在他的小说中写及饮食,正如他写及音乐、书画、诗词、服饰、陈设、玩器等等一样,只是为了给人物、情节"设色",并借以表达他的美学观而已。雪芹是从不肯为"卖弄"什么"学问"而显露一大套"描写"的。懂了这个道理,就不难识破有人看见小说涉及了放风筝就造出什么"风筝谱",看见小说涉及了饮食就造出了什么"食谱"……之类的"构思"的马脚。然而,只因此故,就不能谈一谈《红楼梦》里的饮食了吗?那当然也不至于。

还是有得可说的。

雪芹注意写什么"饮"？先就是茶。

一提茶，也许人们要大谈"品茶栊翠庵"。不过最好莫要忘记，开卷才叙林黛玉初到荣国府，就有特笔写茶。你看，林姑娘第一次用罢了饭，"各有丫鬟用小茶盘捧上茶来。"叙到此句之后，雪芹便设下了一段话：

> 当日林如海，教女以惜福养身，云：饭后务待食粒咽尽，过一时，再吃茶，方不伤脾。……

黛玉自幼既然受父之教，此时见刚则饭毕立即捧上茶来，以为"这里许多事情不合家中之式，不得不随的，……因而接了茶。"哪里知道，"早又见有人捧过漱盂来"，黛玉一下子明白了：原来这茶并非为饮用而设，于是"也照样漱了口"。及至"盥手毕，又捧上茶来，——这方是吃的茶。"

你看，仅仅是一个茶。便写得如许闲闲款款，曲曲折折，真是好看煞人！本文不是谈文论艺，只好撇下雪芹的文心，且讲饭茶的道理。

今天的人大抵都具备一点医学知识，当然知道了：一、茶中有一种碱，食后用茶漱口（漱口茶作为专名，见于《红楼梦》的后文），除起清洁作用外，更要紧的是它能对防治牙齿的酸蚀大大有益。二、食后立即喝茶，碱却"中和"胃酸，减弱了消化力，久而久之，定会"伤脾"，一丝不假。雪芹哪里通"西医"、懂"科学"？但是看他写林府和贾府对茶的运用，完全说明他对茶的性能功用却有十分科学的认识。

曹雪芹是喝酒的大行家，这一点大概用不着再做什么"考证"，可是你看《红楼梦》可有什么专设一节，大讲"酒论"的地方？只这一例，充分证明了我上文所言雪芹断不肯为卖弄而浪费笔墨的道理。因此，除了凤姐让赵嬷嬷尝尝贾琏从江南带来的惠泉酒之外，几乎没有任何"讲究"酒的文字可寻了。他写喝酒的场面是很不少的，唯对酒的名色、特点，有关情况，一字不谈，这一点特别令人诧异。其中当有缘故，不会是偶然现象。比如，他写茶还用特笔叙出：宝玉专用枫露茶，贾太君不喝六安茶；而对酒，却连这种笔迹也不见于书中。以此可知，艺术大师，是不宜以琐儒陋见来轻作雌黄的。自然，作伪者也就没办法造出一篇"雪芹论酒"。

　　《红楼梦》写"吃"最有趣的当然首推有刘姥姥在场的时候，这个人人都知道。可怜的姥姥，进了荣国府，见了那桌上的菜，一样也不认得，叫不上名堂来，只看见是"满满的鱼肉"——她第一次入府，等待着凤姐儿用午饭已毕，菜撤下来，"桌上盘碗森列，仍是满满的鱼肉在内，不过略动了几样。"等她后来再入府，投了贾母的缘，成为"上客"时，用饭时坚不相信有一道菜是茄子做的。经凤姐"说服"、"保证"之后，她还是半信半疑——这才是大文学家笔下写一种真的称赞和评价。低级作家便只会写姥姥"极口"夸"这茄子香死人了"——由此，才引起那段脍炙人口的"茄鲞论"来。

　　一位同志对我说过：有人真的按照凤姐所教给的，如法炮制，做出了茄子，但是结果并不太好吃。

　　有人认为这很意外。也许此正在理中。为什么？第一是仿制者只循文字，未得心传；第二是忘记了凤姐此刻并非真是向姥姥传授"御膳"秘法，其中倒有一部分是张皇其词，以示珍奇富有——向姥姥夸耀，欺侮乡下人老实罢了。如果真信了她的每一句话，就未免太天真。"一两银子一个"的鸽子蛋，不过是吓唬姥姥的，天下本无是事的。要知道，当时一两银子的购买力是多么大。

然而，上述云云，艺术之理，读《红楼梦》者不可不知也；如果你又因此认为凤姐的话全无一点道理，那可真是"扶得东来又倒西"，是被形而上学的流行病害得半身不遂了。

若问这道理又何在？我看从这里能真看出雪芹对我们烹饪之学的精义，深有体味。

原来，猩唇熊掌，凤髓龙肝，纵令珍馐奇品，动色骇闻，毕竟不是日用之常，必需之列。真会考究饮食要道的，本不在这些上见其用心，示其豪侈。真会讲饭菜的，只是在最普通的常品中显示心思智慧、手段技巧。例如茄子一物，可谓常品之常，"贱"（谓价钱也）蔬之贱者也，可是，这种东西的"变化性"最为奥妙。穷人吃茄子，白水加盐煮，大约最是难吃不过了。多加一点好"作料"（应写作"芍药"，我已说过的），它就多变出一点美味来。"作料"百有不同，其美味乃百变各异。据老百姓的体会，单是一个"烧茄子"，可有无数的做法和风味。素烧、荤烧不同，油烧、酱烧有异。肉烧，固好；偶尔有幸买着一点虾仁烧，那就大大"变"味。倘若是得了河蟹，那蟹黄鳌肉烧，可称"天下之妙品"——从一般人家的水平来说，此语不为过也。如此一讲，于是我们虽然没吃过贾府的那茄子，总也可以"思过半矣"了吧。这茄子到了那地步，致使姥姥坚不肯信它是茄子，则其烹饪一道之为高为妙，至矣尽矣！

所以我认为，讲《红楼梦》的饮食，不在于"仿膳"式的照猫画虎——画也难成；只在于体会它的精义神理，亦即中国烹饪的哲理和美学观。

据说当年康熙大帝最得意的一味御膳，乃是豆腐。我的话又要说回来，夫豆腐者，最"贱"最普通的食品也，穷人做的白水加盐煮豆腐，大概也不会太好吃。加一点好"作料"，它变一点美味。康熙那豆腐怎么做法，内务府的曹家人氏肯定是明白的；笔记上说当某大臣告老还乡时，康熙惜别，特意命御厨将那一味豆腐的做法传与那大臣的厨师傅，并告诉他"以为晚年终身之享用"。而这大臣回乡之后，每大宴宾客时，果然必定郑重以此"御赐豆腐"作为夸耀乡里、惊动口腹的一种最奇之上品。明白此理，也就明白茄子，——二者现象虽殊，道理一也矣。

连带可以想到莲叶羹。这本无甚稀奇，也没贵重难得之物，只不过四个字：别致、考究。并且不俗，没有"肠肥脑满"气味。当薛姨妈说"你们府上也都想绝了，吃碗汤还有这些样子"时，凤姐答道："借点新荷叶的清香，全仗好汤，究竟没意思，……"我认为，要想理解曹雪芹的烹饪美学，须向此中参会方可。"没意思"乃是凤姐的身份和"观点"，读书者切莫又参死句要紧，否则宝玉怎会想它？

《红楼梦》中写这些茄子等物，未必就引起我们每个人的三尺之涎，我自己就并不真感太大的兴趣，因为觉得它油太大，而且鸡味太甚。如若问我书中何物使我深有过屠门大嚼之愿，则我要回答说，这该是宝玉和芳官吃的那顿"便饭"。你看那是怎样的一个来由呢？皆因那日正值宝玉的生日，芳官是苏州女孩子，吃不惯"面条子"（生日寿面），又无资格上"台面"去喝酒（她自言一顿能喝二三斤惠泉酒），——这是《红楼梦》里第二次特提此酒，独自闷闷地躺着，向厨房柳嫂传索，单送一个盒子来，春燕揭开一看，只见——

> 里面是一碗虾丸鸡皮汤，只是一碗酒酿清蒸鸭子，一碟腌的胭脂鹅脯，还有一碟四个奶油松瓤卷酥，并一大碗热腾腾碧荧荧蒸的绿畦香稻粳米饭。小燕放在案上，走去拿了小菜并碗箸过来，拨了一碗饭。芳官便说："油腻腻的，谁吃这些东西"。只将汤泡饭吃了一碗，拣了两块腌鹅就不吃了。宝玉闻着，倒觉比往常之味有胜些似的，遂吃了一个卷酥，又命小燕也拨了半碗饭，泡汤一吃，十分香甜可口。小燕和芳官都笑了。……

这是一顿很"简单"的便饭，看其"规模"，实在不算大，而在笔墨之间，令人如同鼻闻眼见那三四样制作精致的美味。我以为，这对我来说，确实比茄鲞之类引人的"食欲"。大观园里人，看来南方生长的小姐们人数占上风，她们家又有"金陵"地方的遗风，所以喜欢米食，全部书中，除面果子（点心）以外，几乎不写面。只那"热腾腾碧荧荧"的绿畦香稻蒸饭，就写得"活"现，逼真极了！我是从小生长在"小站米"地区的人，对真正的、上等佳品粳稻，倒不生疏。（有些南方人吃了一辈子的"米"，自己以为吃的是最好吃的米，至老不识稻味，甚至连米有籼粳之分也不晓得，说与他小站佳米之奇香，竟茫然不解所语何义何味。他们读到此处，恐怕是没有多大"共鸣"的吧。）我从书中判断曹雪芹大概始终以米食为主，所以他写"饭"特别见长。

我又觉出贾府的人,"鱼肉"不为稀罕,但特别喜欢禽鸟一类。单是此一处,便写了蒸鸭腌鹅。记得另一处贾太君听报菜单有糟鹌鹑一味时,才说"这个倒罢了"("罢了",已经是极高的评价了,人家嘴里是不会说出什么"哎呀,这个可好吃"来的),就叫"撕点腿子来"。

其实,要想了解《红楼梦》中饮馔之事之理,必须首先向老太太请教学习才行。书中例子不少,有心之士,自可研味,恕不一一罗列。贾母是一位极高明的美学家,举凡音乐、戏曲、陈设、服饰……这种种考究,她可说都具有权威性的、最使人悦服的识见和理解,并且侃侃议论,头头是道。饮馔这门哲理艺术,当然也要推这位老太太为十足内行。她受过高度的文化熏陶和教养,虽是富贵之家的老太君,却无一点粗俗庸俗之气。她听曲、品笛,点一套《将军令》(琵琶弦子合奏)、《灯月圆》(吹打细乐);讲究窗纱颜色,布置房间铺陈,甚至赏鉴一位妇女的"人才"、"谈吐",她也无不有其十分高级的审美哲学与标准。贾府里的一切文化艺术(包括饮馔这一门在内)的水平与表现,没有这样的一位老太太是不能想象的。不过今天一般读者未必能在这一方面有所体会罢了。

我想借此指出的是,研究中国烹饪学,光知道饭庄的名厨师是老师,最多只懂了事情的一半。另一半必须抓紧去请教一些有经验的老年妇女们,这是忽视不得的。

(选自《周汝昌梦解红楼》)

湘西苗族的艺术

沈从文

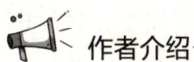 **作者介绍**

沈从文,作家、历史文物研究家、京派小说代表人物。代表作有《边城》《中国丝绸图案》《唐宋铜镜》《龙凤艺术》等。

你歌没有我歌多,我歌共有三只牛毛多,
唱了三年六个月,刚刚唱完一只牛耳朵。

这是我家乡看牛孩子唱歌比赛时一首山歌,健康、快乐,还有点谐趣,唱时听来真是彼此开心。原来作者是苗族还是汉人,可无从知道,因为同样的好山歌,流行在苗族自治州十县实在太多了。

凡是到过中南兄弟民族地区住过一阵的人,对于当地人民最容易保留到印象中的有两件事:即"爱美"和"热情"。

"爱美"表现于妇女的装束方面特别显著。使用的材料，尽管不过是一般木机深色的土布，或格子花，或墨蓝浅绿，袖口裤脚多采用几道杂彩美丽的边缘，有的是别出心裁的刺绣，有的只是用普通印花布零料剪裁拼凑，加上个别有风格的绣花围裙，一条手织花腰带，穿上身就给人一种健康、朴素、异常动人的印象。再配上些飘乡银匠打造的首饰，在色彩配合上和整体效果上，真是和谐优美。并且还让人感觉到，它反映的不仅是个人爱美的情操，还是这个民族一种深厚悠久的文化。

　　这个区域居住的三十多万苗族，除部分已习用汉文，本族还无文字。"热情"多表现于歌声中。任何一个山中地区，凡是有村落或开垦过的田土地方，有人居住或生产劳作的处所，不论早晚都可听到各种美妙有情的歌声。当地按照季节敬祖祭神必唱各种神歌，婚丧大事必唱庆贺悼慰的歌，生产劳作更分门别类，随时随事唱着各种悦耳开心的歌曲。至于青年男女恋爱，更有唱不完听不尽的万万千千好听山歌。即或是行路人，彼此漠不相识，有的问路攀谈，也是用唱歌方式进行的。许多山村农民和陌生人说话时，或由于羞涩，或由于窘迫，口中常疙疙瘩瘩，辞难达意。如果换个方法，用歌词来叙述，即物起兴，出口成章，简直是个天生诗人。每个人似乎都有一种天赋，一开口就押韵合腔。刺绣挑花艺术限于女人，唱歌却不拘男女，本领都高明在行。

　　这种好歌手，通常必然还是个在本村本乡出力得用的好人，合作社优秀生产者，善于团结群众的乡干部。不论是推磨打豆腐，或是箍桶、作篁子的木匠篾匠，手艺也必然十分出色。他或她的天才，在当地所起的作用，是使得彼此情感流注，生命丰富润泽，更加鼓舞人热爱生活和工作。即或有些歌近于谐趣和讽刺，本质依然是十分健康的。这还只是指一般会唱歌的人和所唱的歌而言。

至于当地一村一乡特别著名的歌手，和多少年来被公众承认的"歌师傅"，那唱歌的本领，自然就更加出色惊人！

一九五六年冬天十二月里，我回到家乡，在自治州首府吉首，就过了三个离奇而且值得永远记忆的晚上。那时恰巧中央民族音乐研究所有个专家工作组共四个人一同到了自治州，做苗歌录音记谱工作。自治州龙副州长，特别为邀了四位苗族唱歌高手到州上来。天寒地冻，各处都结了冰，院外空气也仿佛冻结了，我们却在自治州新办公大楼会议室，烧了两盆大火，围在火盆边，试唱各种各样的歌，一直唱到夜深还不休息。其中两位男的，一个是年过七十的老师傅，一脑子的好歌，真像是个宝库，数量还不止三只牛毛多，即唱三年六个月，也不过刚刚唱完一只牛耳朵。一个年过五十的小学校长，除唱歌外还懂得许多苗族动人传说故事。真是"洞河的水永远流不完，歌师傅的歌永远唱不完"。两个女的年纪都极轻：一个二十岁，又会唱歌又会打鼓，一个只十七岁，喉咙脆脆的，唱时还夹杂些童音。歌声中总永远夹着笑声，微笑时却如同在轻轻唱歌。

大家围坐在两个炭火熊熊的火盆边，把各种好听的歌轮流唱下去，一面解释一面唱。副州长是个年纪刚过三十的苗族知识分子。州政协秘书长，也是个苗族知识分子，都懂歌也会唱歌，陪我们坐在火盆旁边，一面为大家剥橘子，一面做翻译。解释到某一句时，照例必一面搔头一面笑着说："这怎么办！简直没有办法译，意思全是双关的，又巧又妙，本事再好也译不出！"小学校长试译了一下，也说"有些实在译不出。正如同小时候看到天上雨后出虹,多好看,可说不出!古时候考状元一定比这个还方便!"说得大家笑个不止。

　　虽然很多歌中的神韵味道都难译,我们从反复解释出的和那些又温柔、又激情、又愉快的歌声中,享受的已够多了。那个年纪已过七十的歌师傅,用一种低沉的,略带一点鼻音的腔调,充满了一种不可言说的深厚感情,唱着苗族举行刺牛典礼时迎神送神的歌词,随即由那个十七岁的女孩子接着用一种清朗朗的调子和歌时,真是一种稀有少见杰作。即或我们一句原词听不懂,又缺少机会眼见那个祭祀庄严热闹场面,彼此生命间却仿佛为一种共通的庄严中微带抑郁的情感流注浸润。让我想象到似乎就正是两千多年前伟大诗人屈原到湘西来所听到的那些歌声。照历史记载,屈原著名的《九歌》,原本就是从那种古代酬神歌曲衍化出来的。本来的神曲,却依旧还保留在这地区老歌师和年轻女歌手的口头传述中,各有千秋。

　　年纪较长的女歌手,打鼓跳舞极出色。年纪极轻的叫龙莹秀,脸白白的,眉毛又细又长,长得秀气而健康,一双手大大的,证明从不脱离生产劳动。初来时还有些害羞,老把一双手插在绣花围腰裙的里边。不拘说话或唱歌,总是天真无邪地笑着。像是一树映山红,在细雨阳光下开放。在她面前,世界一切都是美好的,值得含笑相对,不拘唱什么,总是出口成章。偶然押韵错了字,不合规矩,给老师傅或同伙指点纠正时,她自己就快乐得大笑,声音清脆又透明,如同大小几个银铃子一齐摇着,又像是个琉璃盘装满翠玉珠子滚动不止。事实上我这种比拟形容是十分拙劣很不相称的。因为任何一种比方,都难于形容充满青春生命健康愉快的歌声和笑声,只有好诗歌和好音乐有时还能勉强保留一个相似的印象,可是我却既不会写诗又不会作曲!

这时,我回想起四十多年前作小孩时,在家乡山坡间听来的几首本地山歌,那歌是:

    天上起云云起花,包谷林里种豆荚,
    豆荚缠坏包谷树,娇妹缠坏后生家。
    娇家门前一重坡,别人走少郎走多,
    铁打草鞋穿烂了,不是为你为哪个?

当时我也还像个看牛娃儿,只跟着砍柴拾菌子的听他们信口唱下去。知道是年轻小伙子逗那些上山割草砍柴拾菌子的年轻苗族姑娘"老弥""代帕"唱的,可并不懂得其中深意。可是那些胸脯高眉毛长眼睛光亮的年轻女人,经过了四十多年,我却还记忆得十分清楚。现在才明白产生这种好山歌实有原因。如没有一种适当的对象和特殊环境作为土壤,这些好歌不会生长,这些歌也不会那么素朴、真挚而美妙感人。这些歌是苗汉杂居区汉族牧童口中唱出的,比起许多优秀苗歌来,还应当说是次等的次等。

苗族男女的歌声中反映的情感内容,在语言转译上受了一定限制,因之不容易传达过来。但是她们另外一种艺术上的天赋,反映到和生活密切关联的编织刺绣,却不待解释比较容易欣赏理解。这里介绍的挑花绣,是自治州所属凤凰县收集来的。地名凤凰县,凤穿牡丹的主题图案,在这个地区保存得也就格外多而好。图案组织的活泼、生动而又充满了一种创造性的大胆和天真,显然和山歌一样,是共同从一个古老传统人民艺术的土壤里发育长成的。这些花样虽完成于十九世纪,却和两千多年前楚文化中反映到彩绘漆器上和青铜镜子的主题图案一脉相通。同样有青春生命的希望和欢乐情感在飞跃，在旋舞，并且充满一种明确而强烈的韵律节奏感。可见，它的产生存在都不是偶然的，实源远流长而永远新鲜，是祖国人民共同文化遗产一部分，不仅在过去丰富了当地劳动人民生活的内容，在未来，还必然会和年轻生命结合，作出各种不同的有光辉的新发展。为的是人民已自己当家做主，凡是美好的事物，优秀的天赋，必然都会受到重视，并且得到合理的发展。

（选自《新景与旧谊》）

宋朝人的吃喝

汪曾祺

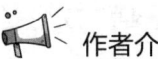
作者介绍

汪曾祺,现当代著名小说家、散文家、京派小说的传人。著有《邂逅集》《羊舍的夜晚》《骑兵列传》《受戒》《大淖记事》等。

唐宋人似乎不怎么讲究大吃大喝。杜甫的《丽人行》里列叙了一些珍馐,但多系夸张想象之辞。五代顾闳中所绘《韩熙载夜宴图》主人客人面前案上所列的食物不过八品,四个高足的浅碗,四个小碟子。有一碗是白色的圆球形的东西,有点像外面滚了米粒的蓑衣丸子。有一碗颜色是鲜红的,很惹眼,用放大镜细看,不过是几个带蒂的柿子!其余的看不清是什么。苏东坡是个有名的馋人,但他爱吃的好像只是猪肉。他称赞"黄州好猪肉",但还是"富者不解吃,贫者不解煮"。他爱吃猪头,也不过是煮得稀烂,最后浇一勺杏酪。——杏酪想必是酸里咕叽的,可以解腻。有人"忽出新意"以山羊肉为玉糁羹，他觉得好吃得不得了。这是一种什么东西？大概只是山羊肉加碎米煮成的糊糊罢了。当然，想象起来也不难吃。

宋朝人的吃喝好像比较简单而清淡。连有皇帝参加的御宴也并不丰盛。御宴有定制，每一盏酒都要有歌舞杂技，似乎这是主要的，吃喝在其次。幽兰居士《东京梦华录》载《宰执亲王宗室百官入内上寿》，使臣诸卿只是"每分列环饼、油饼、枣塔为看盘，次列果子。唯大辽加之猪羊鸡鹅兔连骨熟肉为看盘，皆以小绳束之。又生葱韭蒜醋各一碟。三五人共列浆水一桶，立杓数枚"。"看盘"只是摆样子的，不能吃的。"凡御宴至第三盏，方有下酒肉、咸豉、爆肉、双下驼峰角子"。第四盏下酒的禽子骨头、索粉、白肉胡饼；第五盏是群仙羹、开花饼、太平毕罗、干饭、缕肉羹、莲花肉饼；第六盏假圆鱼、密浮酥捺花；第七盏排炊羊、胡饼、炙金肠；第八盏假沙鱼、独下馒头、肚羹；第九盏水饭、簇饤下饭。如此而已。

宋朝市面上的吃食似乎很便宜。《东京梦华录》云："吾辈入店，则用一等玻璃浅棱碗，谓之'碧碗'，亦谓之'造羹'，菜蔬精细，谓之'造虀'，每碗十文。"《会仙楼》条载："止两人对坐饮酒……即银近百两矣"，初看吓人一跳。细看，这是指餐具的价值——宋人餐具多用银。

几乎所有记两宋风俗的书无不记"市食"。钱塘吴自牧《梦粱录》《分茶酒店》最为详备。宋朝的肴馔好像多是"快餐"，是现成的。中国古代人流行吃羹。"三日入厨下，洗手作羹汤"，不说是洗手炒肉丝。《水浒传》林冲的徒弟说自己"安排得好菜蔬，端整得好汁水"，"汁水"也就是羹。《东京梦华录》云"旧只用匙今皆用筯矣",可见本都是可喝的汤水。其次是各种燠菜、燠鸡、燠鸭、燠鹅。再次是半干的肉脯和全干的肉犯。几本书里都提到"影戏犯",我觉得这就是四川的灯影牛肉一类的东西。炒菜也有,如炒蟹,但极少。

宋朝人饮酒和后来有些不同的,是总要有些鲜果干果,如柑、梨、蔗、柿、炒栗子、新银杏,以及莴苣、"姜油多"之类的菜蔬和玛瑙饧、泽州饧之类的糖稀。《水浒传》所谓"铺下果子按酒",即指此类东西。

宋朝的面食品类甚多。我们现在叫做主食,宋人却叫"从食"。面食主要是饼。《水浒》动辄说"回些面来打饼"。饼有门油、菊花、宽焦、侧厚、油锅、新样满麻……《东京梦华录》载武成王庙前海州张家、皇建院前郑家最盛,每家有五十余炉。五十几个炉子一起烙饼,真是好家伙!

遍检《东京梦华录》、《都城纪胜》、《西湖老人繁胜录》、《梦粱录》、《武林旧事》,都没有发现宋朝人吃海参、鱼翅、燕窝的记载,吃这种滋补性的高蛋白的海味,大概从明朝才开始。这大概和明朝人的纵欲有关系,记得鲁迅好像曾经说过。

宋朝人好像实行的是"分食制"。《东京梦华录》云"用一等琉璃浅棱碗……每碗十文",可证。《韩熙载夜宴图》上画的也是各人一份,不像后来大家合坐一桌,大盘大碗,筷子勺子一起来。这一点是颇合卫生的,因不易传染肝炎。

一九八七年一月十八日
(选自 1987 年《作家》第 6 期)

我国时令节日习俗谈

郑逸梅

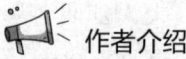

作者介绍

郑逸梅,作家。

著有《人物品藻录》《淞云闻话》《逸梅小品》《孤芳集》《近代野乘》等。

一年三百六十五天,由春夏而秋冬,周而复始地循环着。人们天天过着刻板的生活,做着刻板的工作,一成不变,这就未免太单调、太枯燥了。因此,我们的老祖宗,想出些调剂的方法,按着时令,配合相当的娱乐和饮食享受,来提高人们生活的乐趣和工作的积极性。此中多少有些意义,固不能把它一笔抹煞的。

一年之计在于春。旧社会对于春节,非常重视。元旦,家家门上贴着春联,大都是些吉祥话,如"花开春富贵,竹报岁平安",又"大好家庭融淑气,改良社会发新机"等。人们按惯例向亲朋拜年,备着梅红名片,这种名片,都是木板印的,欧体工楷，很是精雅，借以联络感情。

春节，厅堂上悬挂祖宗的遗像，香花供奉，以寓追远系念之意。这些遗像，称为喜神，不仅子孙向之叩拜，即来拜年的亲友，也顺先向这些喜神，致以敬礼，然后相与揖让道贺。主人献茶，茶碗有托，置着两枚橄榄，称元宝茶，实则橄榄和元宝绝不相涉，而样式亦各不相同，不知从何说起。茶后，又莲心桂圆汤，祝对方连生贵子，这具有封建性的腐朽观念，是不足取的。

家庭的新年娱乐，有掷骰子之戏，一称掷状元红。状元为科举廷试的首魁。骰子凡六面，第四面的点子特为红色，状元红，大概指此而言。据考，骰子始于唐代，唐明皇和杨贵妃在宫闱间掷骰子，明皇屡在四点上获胜，他的宠臣高力士，便把四点涂成红色。有的说，用红豆嵌入骰子，益显色彩，温飞卿因有"玲珑骰子安红豆，入骨相思知也无"的妙词，原来红豆有相思子的别称。

儿童们都希望新岁的来临，不但有好东西吃、新衣服穿、奇巧的玩具玩乐，并且还有一笔额外的收入，就是家长和亲戚们给予的压岁钱。这种钱都是青铜的，有康熙通宝、乾隆通宝等，浑圆厚实，个个精良。儿童们得了钱，纳入"扑满"中。扑满为一种陶器，作罐儿形，开着一缝，制钱投满了，把它打破，取出一大笔钱，这就是扑满名称的由来。

旧俗，每逢立春，举行迎春典礼，民国成立，此制便废。但一九二六年，岁值丙寅，我在苏州，这年忽奉省令，恢复迎春旧例。当时我赴玄妙观前，一瞻其盛。典礼有仪仗队，向导者击着铜钲开道，次为警士，手执纸制的春球，五彩缤纷，很为悦目；又次为锣及大小旗伞，亭中有碑，写着："丙寅年，太平春"；

其后则铿锵的军乐，戎装佩着指挥刀的骑巡，容颇威壮；再后为一大彩亭，供值年太岁的芒神，神为纸扎，简陋得很。又有所谓春牛者，庞然长四五尺，首赤背青，胫黑蹄白，用一竹架，以纸糊之。末为参与典礼的绅士及官员的肩舆，周行热闹市区一匝而止。此礼越年即罢。"迎春典礼"，现已成为历史名词了。

宋人范石湖曾经这样说："新年第一佳节，厥惟元宵。"元宵为旧历之正月十五日，又名灯节，当然以灿灿华灯，为唯一点缀。人们为了珍惜这个景色，觉此仅仅只此一宵，瞥眼即逝，尚不满足，便前展后延了数天。十三日为上灯日，十八日为落灯日，俗称"上灯圆子落灯糕"，借此佳节，进粉汤圆，啖糖年糕，眼福并兼口福，更助人们的乐趣。又复敲锣打鼓，喧阗一堂，名为闹元宵，无非为今岁事业焕发的先兆。儿童们此时更为欢乐，看看走马灯，牵牵兔子灯，又把纸儿扎成骏马的头部，中燃红烛，缚在儿童的腰间，在广场走动，明晃晃的烛影，从薄纸中透出光来，借以照路，盘旋左右，无不如意，也算控骑策蹇了。

上海的徐园，一名双清别墅，为私人徐棣山所建。初在沪北老闸唐家弄，每逢元宵前后，张灯供客夜游，那灯儿是雇巧工制的，玲珑剔透，无奇不有。且年年不同，岁岁各异，颇能引人入胜。并有曲会、画会、梅花会，又制灯谜，由游客随意猜射，猜射中了，奖以画册文具。此后才由孙玉声等结成萍社，有陆澹安、谢不敏、王毓生、徐行素、蒋山佣，为"萍社五虎将"。他们悬灯谜于文明雅集，再移至大世界游乐场，社友扩至数百人，进步书局刊成《春谜大观》一书。孙玉声所著的《海上繁华梦》说部中，也涉及徐园鸿雪轩的焰火花炮，张灯悬谜的盛况。

刘公鲁为刘聚卿观察的哲嗣，家富收藏，除极负盛名的唐代古物大小忽雷（乐器）外，又有汉宫灯四座，建昭雁足灯、黄山第四灯、汲绍家行灯、永建吉羊灯，四灯均属铜质，古气磅礴，而题识以雁足为最多。平时装贮楠木匣中，逢到元宵，燃点与客同赏。

落灯吃了糕，二月初二，又复吃糕。糕和高高兴兴的高字谐音，因此大吃而特吃，作为好口彩了。且世俗称这天所吃的为撑腰糕，说是吃了身体健康，腰脚硬朗。实则这种说法，是信口道来，不科学的。

二月十二日为花朝，俗称百花生日。花朝之说不一。《提要录》云："唐以二月十五日为花朝。"《翰墨记》云："洛阳风俗，以二月二日为花朝节，士庶游玩，又为挑菜节。"《诚斋诗话》云："东京以二月十二日为花朝，为扑蝶会。"今世俗以二月十二日为花朝，那是从《诚斋诗话》而来的。闺中女郎，在这天剪裁红帛，挂诸枝干间，以祝花寿，古人称为赏红。"花是美人小影，美人是花前身"，这是古人的韵语，《红楼梦》中诸女子，生于花朝的，有黛玉、袭人，而袭人又适姓花，更属可喜。

春日草木繁滋，出游阡陌，称为踏青。尤其妇女，平时深居闺中，借此时期，疏散一下，以抒积闷，且往往自绣花鞋，借夸针线，有"踏青鞋"之专称。我早年曾有一诗："满庭春色动幽怀，绣陌闲游姊妹偕。博得旁人齐喝彩，阿侬新试踏青鞋。"

三月三日为上巳，也是春游的佳日。晋代大书法家王羲之在这一天，邀集了四十多人，修禊于山阴的兰亭，大家赋诗，羲之写了《兰亭序》，为后世书法的范本。杜少陵又有《丽人行》一诗，有云"三月三日天气新，长安水边多丽人"句。

清明在门上插柳，也是一种点缀。这种柳条，收集起来，使之干燥，一般书画家在挥毫之前，把这枝条就火煨烧，灰烬可在纸上打一样稿，过后轻轻一拂，绝无痕迹，是很便利的。在这时节，家家扫墓、祭拜后，在墓上竖一纸旗，以为标识。沿至近今，扫墓之风，仍继承不绝，且不限于扫自己祖宗的墓，且扫革命先烈的墓，由私而公，风格更高。

杜牧的一首诗："清明时节雨纷纷，路上行人欲断魂。借问酒家何处有，牧童遥指杏花村。"几乎妇孺都能背诵，甚至有人把句读改变一下，成为长短句式的词调，如云："清明时节雨，纷纷路上行人，欲断魂。借问酒家何处？有牧童遥指杏花村。"可是这首诗，在杜牧集中找不到。

茶叶大都以雨前为尚。所谓雨前，撷取其叶，在谷雨节之前，较为鲜嫩。清明更早于谷雨，其时所采的茶叶，称为明前，那就知道的人不多了。又有俗谚："谷雨三朝剪牡丹"，牡丹以洛阳为最著名。舍远就近，苏州郊外的培德堂，有微波榭，那儿的牡丹，吸引了很多的游客，一赏姚黄魏紫、锦袍红、玉楼春等名种。上海的法华乡，有牡丹的老本，花朵硕大异常。花在谷雨，正当盛时，但必付诸并州一剪，这岂不太煞风景吗？据花农谓："发泄太过，势必影响来年的蓓蕾，把它剪掉，所以蓄其余力。"的确言之有理。

立夏家家习俗用秤称人，无非以体重有关健康，加以注意罢了。这天进时鲜食品，有谓樱笋，便是嫩笋和樱桃，尤其樱桃先诸果而熟。吴俗，列樱桃、青梅与穤麦，供享祖先，称为"立夏见三新"。此外尚有酒酿、咸蛋等。

端午一称端阳，又名天中节，欧阳修的《端午帖》有那么两句："画扇迎暑，灵符辟邪"。就是说，一到端午，气候渐热，开始用扇。画符辟邪，转而画着钟馗像，长袍仗剑，鬼魅低头。实则古时悬钟馗像是在岁首，后来不知怎样移作端午点缀了。至于龙舟竞渡，以吊屈原投江，裹着角黍，作为祭品。角黍俗称粽子，所以谚语有"端午不吃粽，死后无人送"，硬把粽子和死凑合起来。当时的粽子，仅仅是白米，后来踵事增华，才有豆沙，或火腿及赤豆、绿豆为馅，恣人口福了。枇杷有黄金丸之称，有产于塘栖的，有产于洞庭东山的，白的名白沙，深黄近于红色的，名大红袍，纷纷应市，善价而沽。这天家家饮雄黄酒，且以余滴洒在屋隅，更焚苍术，无非用以驱虫灭蚊，亦属卫生运动。

冰为消暑佳品，旧时应市的，都是天然冰，在严冬时，由冰厂收贮，暑天供应。从卫生角度来讲，当然不能和人造冰相比，但价很低廉，买了许多，贮在鬼脸青的大盅中，任它溶化，可以降低室内的气温，原始性的空调，也是一种办法。

"亭亭净植，香远益清"，这是周敦颐的《爱莲说》盛赞荷花的名句。苏州葑门外的荷花荡，上海的也是园、味莼园，都是荷花集中之处。现在的豫园九曲桥，也得一赏翠盖红裳的景色。好些人家庭院中，备着一缸，植荷一二茎，甚至有所谓碗莲，那是小型的荷花，种在碗中，具体而微，亦堪欣赏。把荷花配合饮食，有以一撮茶叶，晚间置入含苞未放的花蕊中，明晨取出煮茶，清芬留于齿颊。又有撷取鲜叶裹粉蒸肉的，当年的知味观（菜馆），即以荷叶粉蒸肉为名肴。

一年容易，又是秋风，七夕便是秋来最早的令节。杜牧的那首《秋夕》诗："银烛秋光冷画屏，轻罗小扇扑流萤。天街夜色凉如水，卧看牵牛织女星。"即是咏七夕的双星渡着鹊桥，作为巧的象征。小儿女陈列瓜果于庭中，膜拜双星，称为乞巧。复有投针之嬉，把一盆水曝于日光中，轻轻地投入绣花针，针浮水面，看水底针影，以验投者的巧拙，影成云龙花草形者为巧，若如椎如棒者为拙。又把面粉搓成条儿，打一小结，入油锅煎炸，称为巧果，甘脆可口，和着鲜藕红菱，朵颐大快。

月到中秋分外明，从观星而赏月，那是自然顺序。中秋烧香斗供奉嫦娥，这些虽属虚无缥缈，但人们借此助助清兴，也可说是浪漫性的享受吧！香斗围着雕镂精巧的纸旗，上端缀一金面的魁星，这是应着科举考试，秋闱夺标之意。我幼时很喜欢这些玩意儿，纸旗插在颈项间，仿摹戏剧中的武将。魁星，作为案头的镇纸。月饼家家必备，有苏式的，有潮式的，有广式的。现今以广式为主。旧时却以苏式为主，苏州稻香村的月饼尚甜，最负盛誉。又豆荚、毛芋艿为应时点心。这个习俗，偏重于苏沪一带。

重阳为登高节，上海没有山丘，便把沪南的丹凤楼和豫园的大假山，作为高瞻远瞩之所。一自国际饭店建二十四层楼，登高地点，有所转移了。重阳糕是小型的，略染色泽，糕上缀着小旗，以逗儿童的喜爱。高启诗："故园莫忆黄花菊，内府初尝赤枣糕"，可见重阳糕，是宫廷中的赤枣糕蜕变而来。那时的菊展，大都在康脑脱路（今为康定路）的徐园举行。后来黄岳渊辟园于沪西，菊种达二千有余，取而代之了。

冬至，日渐长，因此冬至一名长至节，和夏至日渐短，称为短至相对应。冬至夜，例饮甜白酒，这酒度数不高，人人能饮，不致醉倒，苏人名之为东洋酒，实为冬阳二字之误。这酒是土酿，并非从日本输来。冬至有一雅事，即在这天绘梅一枝，预定花朵八十一，每日作一花，花尽而九九毕，称为九九消寒图。冬至有一俗谚"干净冬至邋遢年"，谓冬至如天晴，那么阴历年必雨雪，这种占验，是不够科学的。

世俗以十二月为腊月，该月初八日进粥，称腊八粥，本属僧家斋供。煮法，先将香粳米和水烧透，次将胡桃肉、松子仁及莲心、榛栗、柿饼等，加入白糖，再用文火缓煮至熟烂为度，这是素的。也有白粥加入火腿、虾米、鸭肉、猪肉，和以清盐，这是荤的，非僧家进啖了。

旧时用砖砌灶，上面有一小龛，供东厨司命像，称为灶神。每年腊月二十四日，举行送灶。顾铁卿的《清嘉录》，有那么一段记载："廿四夜送灶，比户以胶牙糖祀之，俗称糖元宝。又以米粉裹豆沙馅为饵，名曰谢灶团。"这种糖元宝和谢灶团，祀毕，都充儿童的口腹。我幼年时，每岁啖食，迄今犹留印象。且送灶时，焚化纸轿，火光熊熊中，撒着青豆，为神马秣具。

过年颇多繁文缛节，又须祀神，供着三牲，燃着香烛，食备干果数品，如桂圆、胡桃、蜜枣、荔枝等，列诸供桌之前，家长率领儿孙，虔诚叩头，以祝来年的顺利。

年夜饭，菜肴特别丰盛，若干冷盆，若干热炒，鸡鸭豚蹄，应有尽有，借此慰劳一年的辛劳。饭碗中，置入一二熟荸荠，吃时用筷掇取，称为"掘藏"。哪里来这些藏金得以发掘？异想天开的财迷，使人嗤笑。

（选自《纸帐铜瓶》）

北京的春节

老 舍

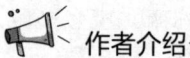作者介绍

老舍,小说家、文学家、戏剧家。

代表作有小说《骆驼祥子》《四世同堂》;话剧《茶馆》《龙须沟》等。

按照北京的老规矩,过农历的新年(春节),差不多在腊月的初旬就开头了。"腊七腊八,冻死寒鸦",这是一年里最冷的时候。可是,到了严冬,不久便是春天,所以人们并不因为寒冷而减少过年与迎春的热情。在腊八那天,人家里,寺观里,都熬腊八粥。这种特制的粥是祭祖祭神的,可是细一想,它倒是农业社会的一种自傲的表现——这种粥是用所有的各种的米,各种的豆,与各种的干果(杏仁、核桃仁、瓜子、荔枝肉、莲子、花生米、葡萄干、菱角米……)熬成的。这不是粥,而是小型的农业展览会。

腊八这天还要泡腊八蒜。把蒜瓣在这天放到高醋里,封起来,为过年吃饺子用的。到年底,蒜泡得色如翡翠,而醋也有了些辣味,色味双美,使人要多吃几个饺子。在北京,过年时,家家吃饺子。

从腊八起,铺户中就加紧地上年货,街上加多了货摊子——卖春联的、卖年画的、卖蜜供的、卖水仙花的等等都是只在这一季节才会出现的。这些赶年的摊子都教儿童们的心跳得特别快一些。在胡同里,吆喝的声音也比平时更多更复杂起来,其中也有仅在腊月才出现的,像卖宪书的、松枝的、薏仁米的、年糕的等等。

在有皇帝的时候,学童们到腊月十九日就不上学了,放年假一月。儿童们准备过年,差不多第一件事是买杂拌儿。这是用各种干果(花生、胶枣、榛子、栗子等)与蜜饯掺合成的,普通的带皮,高级的没有皮——例如:普通的用带皮的榛子,高级的用榛瓤儿。儿童们喜吃这些零七八碎儿,即使没有饺子吃,也必须买杂拌儿。他们的第二件大事是买爆竹,特别是男孩子们。恐怕第三件事才是买玩艺儿——风筝、空竹、口琴等——和年画儿。

儿童们忙乱,大人们也紧张。他们须预备过年吃的使的喝的一切。他们也必须给儿童赶作新鞋新衣,好在新年时显出万象更新的气象。

二十三日过小年,差不多就是过新年的"彩排"。在旧社会里,这天晚上家家祭灶王,从一擦黑儿鞭炮就响起来,随着炮声把灶王的纸像焚化,美其名叫送灶王上天。在往前几天,街上就有多少多少卖麦芽糖与江米糖的,糖形或为长方块或为大小瓜形。按旧日的说法:用糖粘住灶王的嘴,他到了天上就不会向玉皇报告家庭中的坏事了。现在，还有卖糖的，但是只由大家享用，并不再粘灶王的嘴了。

过了二十三，大家就更忙起来，新年眨眼就到了啊。在除夕以前，家家必须把春联贴好，必须大扫除一次，名曰扫房。必须把肉、鸡、鱼、青菜、年糕什么的都预备充足，至少足够吃用一个星期的——按老习惯，铺户多数关五天门，到正月初六才开张。假若不预备下几天的吃食，临时不容易补充。还有，旧社会里的老妈妈论，讲究在除夕把一切该切出来的东西都切出来，省得在正月初一到初五再动刀，动刀剪是不吉利的。这含有迷信的意思，不过它也表现了我们确是爱和平的人，在一岁之首连切菜刀都不愿动一动。

除夕真热闹。家家赶作年菜，到处是酒肉的香味。老少男女都穿起新衣，门外贴好红红的对联，屋里贴好各色的年画，哪一家都灯火通宵，不许间断，炮声日夜不绝。在外边作事的人，除非万不得已，必定赶回家来，吃团圆饭，祭祖。这一夜，除了很小的孩子，没有什么人睡觉，而都要守岁。

元旦的光景与除夕截然不同：除夕，街上挤满了人；元旦，铺户都上着板子，门前堆着昨夜燃放的爆竹纸皮，全城都在休息。

男人们在午前就出动，到亲戚家，朋友家去拜年。女人们在家中接待客人。同时，城内城外有许多寺院开放，任人游览，小贩们在庙外摆摊、卖茶、食品和各种玩具。北城外的大钟寺、西城外的白云观、南城的火神庙（厂甸）是最有名的。可是，开庙最初的两三天，并不十分热闹，因为人们还正忙着彼此贺年，无暇及此。到了初五六，庙会开始风光起来，小孩们特别热心去逛，为的是到城外看看野景，可以骑毛驴，还能买到那些新年特有的玩具。白云观外的广场上有赛轿车赛马的；在老年间，据说还有赛骆驼的。这些比赛并不争取谁第一谁第二，而是在观众面前表演骡马与骑者的美好姿态与技能。

多数的铺户在初六开张，又放鞭炮，从天亮到清早，全城的炮声不绝。虽然开了张，可是除了卖吃食与其他重要日用品的铺子，大家并不很忙，铺中的伙计们还可以轮流着去逛庙、逛天桥和听戏。

元宵（汤圆）上市，新年的高潮到了——元宵节（从正月十三到十七）。除夕是热闹的，可是没有月光；元宵节呢，恰好是明月当空。元旦是体面的，家家门前贴着鲜红的春联，人们穿着新衣裳，可是它还不够美。元宵节，处处悬灯结彩，整条的大街像是办喜事，火炽而美丽。有名的老铺都要挂出几百盏灯来，有的一律是玻璃的，有的清一色是牛角的，有的都是纱灯；有的各形各色，有的通通彩绘全部《红楼梦》或《水浒传》故事。这，在当年，也就是一种广告；灯一悬起，任何人都可以进到铺中参观；晚间灯中都点上烛，观者就更多。这广告可不庸俗。干果店在灯节还要作一批杂拌儿生意，所以每每独出心裁的，制成各样的冰灯，或用麦苗作成一两条碧绿的长龙，把顾客招来。

除了悬灯，广场上还放花合。在城隍庙里并且燃起火判，火舌由判官的泥像的口、耳、鼻、眼中伸吐出来。公园里放起天灯，像巨星似的飞到天空。

男男女女都出来踏月、看灯、看焰火；街上的人拥挤不动。在旧社会里，女人们轻易不出门，她们可以在灯节里得到些自由。

小孩子们买各种花炮燃放,即使不跑到街上去淘气,在家中照样能有声有光的玩耍。家中也有灯:走马灯——原始的电影——宫灯、各形各色的纸灯,还有纱灯,里面有小铃,到时候就叮叮地响。大家还必须吃汤圆呀。这的确是美好快乐的日子。

一眨眼,到了残灯末庙,学生该去上学,大人又去照常作事,新年在正月十九结束了。腊月和正月,在农村社会里正是大家最闲在的时候,而猪牛羊等也正长成,所以大家要杀猪宰羊,酬劳一年的辛苦。过了灯节,天气转暖,大家就又去忙着干活了。北京虽是城市,可是它也跟着农村社会一齐过年,而且过得分外热闹。

在旧社会里,过年是与迷信分不开的。腊八粥,关东糖,除夕的饺子,都须先去供佛,而后人们再享用。除夕要接神;大年初二要祭财神,吃元宝汤(馄饨),而且有的人要到财神庙去借纸元宝,抢烧头股香。正月初八要给老人们顺星、祈寿。因此那时候最大的一笔浪费是买香蜡纸马的钱。现在,大家都不迷信了,也就省下这笔开销,用到有用的地方去。特别值得提到的是现在的儿童只快活地过年,而不受那迷信的熏染,他们只有快乐,而没有恐惧——怕神怕鬼。也许,现在过年没有以前那么热闹了,可是多么清醒健康呢。以前,人们过年是托神鬼的庇佑,现在是大家劳动终岁,大家也应当快乐地过年。

(选自《新观察》1951年1月第2卷)

清明零拾

唐鲁孙

作者介绍

唐鲁孙,作家。
著有《中国吃》等。

过了元宵一晃就是清明,在一年二十四个节气里,清明是相当受人重视的,因为清明家家都要上坟扫墓,慎终追远,缅怀祖德,永绥先灵。

依照太阴历推算,清明与寒食,相隔不过两天,唐代沈佺期《岭表逢寒食》诗:"岭外逢寒食,春来不见饧。洛中新甲子,明日是清明。"由此看来寒食清明,变成仅隔一日了。

《舆地记》祭礼一节说得很清楚:"祭礼,士大夫庙祀,民间不敢立祠堂,清明祭于墓,七月中旬祭于墓,十月一日祭于家,冬至岁暮忌日,俱祭于家。"千百年来,内地民间扫墓大都是照此奉行的。

古代寒食例不举火,相传是为了纪念介之推被焚绵山的意思,到了清明那天再重复举火,韦庄诗有"寒食花开千树雪,清明火出万家烟",可为明证。清明所举之火,称为新火,在唐代极为盛行,皇上并于是日举行清明赐火。民国二十年笔者在上海名医丁秉臣(济万)府上看到一幅宋人画无款识工笔《清明赐火图》手卷,据乃叔仲英说:"乃叔祖泽周公少从御医马培学医,马以医治慈禧沉疴而得誉,此幅宋画即得之上赏。"根据《荆楚岁时》记载:"唐取榆柳之火,以赐群臣。"据说赐火在朝会散时,由近侍将榆柳树枝点燃后,由皇上亲自分赐群臣,即曰新火。群臣拿出宫廷,火已熄灭,但他们拿着柳枝回家插在门首,清明上坟插柳有人说就是因此演变而来的。

有一年我到江西的修水公干,正赶上清明,当地管清明叫"蛋节",我觉得很奇怪,同时发现当日家家吃各式各样做法的蛋。当地钟姓是大家族,五世同居,人口繁赜,过蛋节更热闹。他们把青年男女,分成两组,一组画蛋,一组雕蛋。画蛋是选外壳坚硬的鸡蛋或鸭蛋,连壳煮熟,用茜金草榨汁,在蛋壳上蘸汁精绘花鸟虫鱼。起初看不出画的是什么,三天后变成浅蓝颜色,由深而紫,由紫而红,把蛋剥开,蛋白上就显出原绘花鸟虫鱼的图案来了。

梁节厂先生的哲嗣梁叩,是个石聋子,他对画蛋深感兴趣,他画画的基础又好,曾经送我两只得意作品:一是《扫墓图》,提樽携榼,车轿驴马后挂满楮锭冥镪,祭者、哭者、酹者及焚楮锭、除墓草者无不惟妙惟肖。他用的笔,是他自己精心研究特制,是什么原料,如何制法,他就不肯告诉人了。另一只是绘的京剧《小上坟》,虽然是写意画,可是把萧素玲、刘禄京眉目传情神态，都能曲曲传出，我一直放在书房多宝橱内。有一天四小名旦的毛世来来寓，看见《小上坟》画蛋，喜欢得不忍释手，最后是强索而去变成他桌上的陈设了。

雕蛋虽然江西广东两省都很盛行，据说高手都出在粤东，所以有"画瓷粤不如赣，雕蛋赣不如粤"的说法。他们雕蛋是用细刀将整只蛋镂空，把蛋黄蛋白全部倒出来。故宫刚一开放时，永和宫后殿，曾经陈列过一套《二十四孝图》雕蛋，每只都有一只紫檀座子，其雕刻之精细，真是够得上鬼斧神工了。据说同去参观的李伯悦学长说："这一套雕蛋出自他们三水名手于白塘的手笔，蛋的空白地方都可以找出于字图记。这一套雕蛋大概刻了一年多才完成，是当年岑西林以重金买来孝敬慈禧太后的，在广东官场中曾经轰动一时，不料想能在故宫看到原物，真是眼福不浅。"不过这套雕蛋是否一并装箱带到台湾来，就不得而知了。

"斗鸡"也是清明应节的游戏，唐明皇在东宫做太子的时候，就喜欢玩斗鸡游戏，等到他荣登大宝之后，特地在内廷设治"鸡坊"，凡民间蓄有峨冠昂尾，镠毫铁距，踔踶雄健良种赛送宫廷，可膺重赏。坊内有五百男童，专司训练调饲，其中有一名十三四岁姣童名叫贾昌的，不但斗鸡走狗，战阵驰逐样样精通，人更轩昂明丽。从清明开始，到立夏雄鸡脱毛为止，每逢朔望都要举行两三场盛大斗鸡，《天宝逸闻》上说："每逢斗鸡之日，贾昌冠雕翠绣兜鍪首铠，锦袂利屣，金钱玉斧，拂引群鸡，兀立广场，指挥往返，拊毛振羽，砺喙磨距，抑怒待胜，影随鞭指，低昂有度。"从以上描述，可以想出见唐宫清明斗鸡是多么壮观啦。到了宋代宫廷中把斗鸡的兴趣转移到斗蟋蟀，斗鸡才渐渐地没落了。

清明在唐代又叫作秋千节，唐玄宗是历朝最会享乐的皇帝了，每逢清明佳节，竖立高架以彩绳悬木，坐立其上，推引飘荡，谓之"秋千"。在绿肥红瘦、绿叶丹英之间耸立雕龙的秋千，上面有位轻艳侧立瑭簪珠履的佳人，随风作式，抑扬飘荡，玄宗管它叫半仙之戏，这个名词真是亏他如何想得出来的。时代演变到现在，打秋千已从成人游戏变成了幼童们运动的项目，没有玉貌佳人再玩这种游戏。可是去年我在泰京曼谷，去到一个荣华酒馆吃潮川菜，附近有一架丹漆彩绘高耸入云的秋千架，问了附近住户，才知当地就叫"秋千架"。据说这座秋千架建自素可索王朝，系模仿中土式样建造的，早先每年清明都举行美女打秋千游戏，一时车马喧阗，塞巷填衢，轻跷竞技，还有选美的意味在内呢！

历书载云："春分后十五日，斗指丁，为清明，时万物皆洁齐而清明，盖时气清景明，万物皆显，故名清明，闺中妇女竞着新鞋，出行原野，谓之踏青。"现在每逢周末，无论男女老幼，都以郊外健行为乐，清明踏青，已经成为历史名词了。

（选自《老乡亲》）

浮士德（节选）

[德] 歌 德 著 钱春绮 译

作者介绍

歌德，德国著名剧作家、诗人、思想家。

代表作有《致月词》《少年维特之烦恼》《浮士德》《普罗米修斯》等。

第五场

宫中大院

火炬。

梅非斯特（任督工，站在前方。）
过来，过来！进来，进来！
摇摇晃晃的鬼怪，

全靠骨殖、肌腱、韧带

拼凑在一起的残废。

鬼怪（合唱。）

我们赶快前来帮忙，

我们听到个消息，

正有一片广大的地方，

要归入我们的手里。

我们带来测量的长索，

还有尖尖的木桩；

召唤我们来做什么，

我们竟把它遗忘。

梅非斯特

这里不要动技术脑筋，

只要照自己尺寸丈量；

个子最长的躺下来躺得直挺挺，

其余的就把周围的草拔光；

就像对待我们的先人，

挖出一个长方形土坑！

从宫殿走向这狭隘的住房，

总归是这样一个糊涂的下场。

鬼怪（做出滑稽的样子挖土。）

当我年轻时健壮而恋爱，

我觉得那真是乐意；

乐声悠扬的热闹地方，

少不了有我的足迹。

如今满怀恶意的老年
用拐杖对准我打来;
我跌倒在坟墓的门口,
为什么它正好洞开!

浮士德(走出宫殿,扶住门框。)
铲锹的声音使我多么愉快!
那是为我服役的民侠,
将围垦地跟陆地连在一处,
给波涛划出它的疆界,
筑一带坚堤围住海洋。

梅非斯特(旁白。)
你筑大堤,你筑海塘,
只是为我们鞠躬尽瘁;
因为你已替水的魔鬼,
尼普顿备好盛大的筵席。
不管怎样,你已无希望;——
四大都跟我们结成一帮:
结果总是归于毁灭。

浮士德
督工!

梅非斯特
有!

浮士德
你要想一切法子,
前去招募大批民侠,

用酒饭和严规加以鼓舞，
出钱、诱骗或者压制！
你要每天前来向我汇报，
进行开掘的沟道掘了多少。

梅非斯特（低声。）
根据我所获得的报告，
没说起沟道，只说掘墓道。

浮士德
有一片沼泽横亘在山麓，
污染了一切已开拓之地；
把这臭水浜加以排除，
乃是功亏一篑的大事。
我为几百万人开拓疆土，
虽不算安全，却可以自由居住。
原野青葱而肥沃；人和牛羊
就能高兴地搬到新地之上，
立即移居在牢固的沙丘附近，
这是由勤劳勇敢的人民筑成。
里面的土地就像一座乐园，
尽管外面的海涛拍击到岸边，
如果它贪婪成性，要强行侵入，
大家会齐心奔赴，将决口堵住。
是的，我就向这种精神献身，
这是智慧的最后总结：
要每天争取自由和生存的人，

才有享受两者的权利。
因此在这里，幼者壮者和老者
都在危险中度过有为的岁月。
我愿看到这样的人群，
在自由的土地上跟自由的人民结邻！
那时，让我对那一瞬间开口：
停一停吧，你真美丽！
我的尘世生涯的痕迹就能够
永世永劫不会消逝。——
我抱着这种高度幸福的预感，
现在享受这个最高的瞬间。

（浮士德向后倒下，鬼怪们将他扶起，放在地上。）

梅非斯特

他不满足于任何幸福和喜欢，
只顾追求变化无常的形影；
这最后的、空虚无谓的瞬间，
这个可怜人也想要抓紧。
他那样顽强地跟我对抗，
时间胜利了，老人倒在砂地上。
时钟停了——

合唱

停了！默然如在中宵。
时针垂降。

梅非斯特

垂下了，事情完成了。

合唱

已经过去了。

梅非斯特

过去！一句蠢话！

干吗说过去？

过去和全无是完全一样的同义语！

永恒的创造于我们何补！

被创造的又使它复归于无！

已经过去了！这话的意思是什么？

它就等于说，本来不曾有过，

翻转来又像是说，似亦有诸。

而我却毋宁喜爱永远的虚无。

（选自《浮士德》）

安娜·卡列尼娜（节选）

［俄］列夫·托尔斯泰 著　周扬　谢素台 译

作者介绍

列夫·托尔斯泰，俄国作家、思想家。

代表作有长篇小说《战争与和平》《安娜·卡列尼娜》《复活》等。

当基蒂和她母亲走上那灯火辉煌的，两旁布满鲜花，站立着穿红上衣、搽了发粉的仆人的大楼梯的时候，舞会刚开始。从舞厅里传来了好像是蜂房传来的、不绝的、不疾不徐的綷縩声；当她们站在两旁摆着花木的梯顶上，在镜子面前最后整理自己的头发和服装的时候，听到舞厅里乐队开始奏第一场华尔兹舞小提琴准确而清晰的音调。一个穿便服的矮小老人，在另一面镜子前理了理他两鬓的白发，身上散发着香水的气味，在楼梯上碰见她们，让开了路，显然是在叹赏他所不认识的基蒂。一个没有胡髭的青年，一个谢尔巴茨基老公爵称为"花花公子"的社交青年，

穿着敞开的背心，边走边整理他雪白的领带，向她们鞠躬，走过去了之后又回转来请求和基蒂跳一场卡德里尔舞。因为第一场卡德里尔舞她已经答应了弗龙斯基，所以她答应和这位青年跳第二场。一个军官，扣上他的手套，在门边让开路，一面抚摸着胡髭，一面在叹赏玫瑰色的基蒂。

虽然基蒂的服装、发式和一切赴舞会的准备花了她许多劳力和苦心，但是现在她穿了一身套在淡红衬裙上面罩上网纱的讲究衣裳，这么轻飘这么随便地走进舞厅，仿佛一切玫瑰花结和花边，所有装饰的一切细节，都没有费过她或者她家庭片刻的注意，仿佛她生来就带着网纱和花边，头梳得高高的，头上有一朵带着两片叶子的玫瑰花。

在走进舞厅之前，老公爵夫人，想要替她理好丝带的皱褶的时候，基蒂稍稍闪开去。她觉得她身上的一切都该是生来完美的、优雅的、无须乎整理。

这是基蒂最幸福的日子。她的衣裳没有一处不合身，她的花边披肩没有一点下垂，她的玫瑰花结也没有被揉皱或是扯掉；她的淡红色高跟鞋并不夹脚，而只使她愉快。金色的假髻密密层层地覆在她的小小的头上，宛如是她自己的头发一样。她的长手套上的三颗纽扣通通扣上了，一个都没有松开，那长手套裹住了她的手，却没有改变它的轮廓。她的圆形领饰的黑天鹅绒带特别柔软地缠绕着她的颈项。那天鹅绒带是美丽的；在家里，对镜照着她的脖颈的时候，基蒂感觉得那天鹅绒简直是栩栩如生的。别的东西可能有些美中不足，但那天鹅绒却的确是美丽的。在这舞厅里，当基蒂又在镜子里看到它的时候，她微笑起来了。她的赤裸的肩膀和手臂给予了基蒂一种冷澈的大理石的感觉，一种她特别

安娜·卡列尼娜（节选）

［俄］列夫·托尔斯泰 著　周扬　谢素台 译

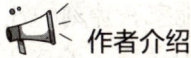作者介绍

列夫·托尔斯泰，俄国作家、思想家。

代表作有长篇小说《战争与和平》《安娜·卡列尼娜》《复活》等。

当基蒂和她母亲走上那灯火辉煌的，两旁布满鲜花，站立着穿红上衣、搽了发粉的仆人的大楼梯的时候，舞会刚开始。从舞厅里传来了好像是蜂房传来的、不绝的、不疾不徐的绰绰声；当她们站在两旁摆着花木的梯顶上，在镜子面前最后整理自己的头发和服装的时候，听到舞厅里乐队开始奏第一场华尔兹舞小提琴准确而清晰的音调。一个穿便服的矮小老人，在另一面镜子前理了理他两鬓的白发，身上散发着香水的气味，在楼梯上碰见她们，让开了路，显然是在叹赏他所不认识的基蒂。一个没有胡髭的青年，一个谢尔巴茨基老公爵称为"花花公子"的社交青年，

穿着敞开的背心,边走边整理他雪白的领带,向她们鞠躬,走过去之后又回转来请求和基蒂跳一场卡德里尔舞。因为第一场卡德里尔舞她已经答应了弗龙斯基,所以她答应和这位青年跳第二场。一个军官,扣上他的手套,在门边让开路,一面抚摸着胡髭,一面在叹赏玫瑰色的基蒂。

虽然基蒂的服装、发式和一切赴舞会的准备花了她许多劳力和苦心,但是现在她穿了一身套在淡红衬裙上面罩上网纱的讲究衣裳,这么轻飘这么随便地走进舞厅,仿佛一切玫瑰花结和花边,所有装饰的一切细节,都没有费过她或者她家庭片刻的注意,仿佛她生来就带着网纱和花边,头梳得高高的,头上有一朵带着两片叶子的玫瑰花。

在走进舞厅之前,老公爵夫人,想要替她理好丝带的皱褶的时候,基蒂稍稍闪开去。她觉得她身上的一切都该是生来完美的、优雅的、无须乎整理。

这是基蒂最幸福的日子。她的衣裳没有一处不合身,她的花边披肩没有一点下垂,她的玫瑰花结也没有被揉皱或是扯掉;她的淡红色高跟鞋并不夹脚,而只使她愉快。金色的假髻密密层层地覆在她的小小的头上,宛如是她自己的头发一样。她的长手套上的三颗纽扣通通扣上了,一个都没有松开,那长手套裹住了她的手,却没有改变它的轮廓。她的圆形领饰的黑天鹅绒带特别柔软地缠绕着她的颈项。那天鹅绒带是美丽的;在家里,对镜照着她的脖颈的时候,基蒂感觉得那天鹅绒简直是栩栩如生的。别的东西可能有些美中不足,但那天鹅绒却的确是美丽的。在这舞厅里,当基蒂又在镜子里看到它的时候,她微笑起来了。她的赤裸的肩膀和手臂给予了基蒂一种冷澈的大理石的感觉,一种她特别喜欢的感觉。她的眼睛闪耀着，她的玫瑰色的嘴唇因为意识到她自己的妩媚而不禁微笑了。当她还没有跨进舞厅，走近那群满身是网纱、丝带、花边和花朵，等待别人来请求伴舞的妇人——基蒂从来不属于那群妇人——的时候，就有人来请求和她跳华尔兹舞，而且是一个最好的舞伴，跳舞界的泰斗，有名的舞蹈指导，标致魁梧的已婚男子，叶戈鲁什卡·科尔孙斯基。他刚离开巴宁伯爵夫人，他是和她跳了第一场华尔兹舞的，于是，观察着他的王国——就是说，已开始跳舞的几对男女——他看见了刚走进来的基蒂，就迈着舞蹈指导所独有的那种特殊的、轻飘的步子飞奔到她面前，连问都没有问她愿不愿意跳，他就伸出手臂抱住她的纤细腰肢。她朝周围望望，想把扇子交给什么人，于是他们的女主人向她微笑着，接了扇子。

"您准时来到了，多么好啊，"他对她说，抱住了她的腰，"迟到真是一种坏习气。"

弯起她的左手，她把它搭在他的肩头上，她那双穿着淡红皮鞋的小脚开始敏捷地、轻飘地、有节奏地合着音乐的拍子在光滑的镶花地板上移动。

"和您跳华尔兹舞简直是一种休息呢，"他对她说，当他们跳华尔兹舞开头的慢步的时候。"妙极了——多么轻快，多么准确。"他向她说了他差不多对所有他熟识的舞伴都说过的话。

听了他的称赞她笑了笑，越过他的肩头继续环顾着舞厅。她不像一个仿佛觉得舞厅里一切面孔都溶成了仙境幻影般初次跳舞的少女；她也不是一个舞得太多以致把舞厅里一切面孔都看熟了而且腻烦了的少女。她是介于两者之间，她很兴奋，但她也能够沉着冷静地去观察周围的一切。在舞厅的左角她看见社交界的精华聚在一起。那里有胸颈赤裸到不能再赤裸的美人丽姬，科尔孙斯基的妻子；有女主人；有克里温的秃头闪耀着，凡是有上流人的地方总可以找到他；青年人向那个方向眺望着，却不敢走近前去；在那里，她的眼睛也看见了斯季瓦，看见了穿着黑天鹅绒衣裳的安娜的优美身姿和头部。他也在那里。基蒂自从拒绝列文以后，就再也没有看见过他。用她的远视眼光，她立刻认出了他，甚至还觉察到他在看她。

"再跳一回吗？您不疲倦吧？"科尔孙斯基说，微微有些气喘了。

"不，谢谢您！"

"我送您到哪里去呢？"

"卡列宁夫人来了，我想……送我到她那里去吧。"

"遵命。"

于是科尔孙斯基放慢脚步跳着华尔兹舞一直向左角的人群舞去，一面不断地在说："对不起，夫人们，对不起，对不起，夫人们。"于是穿过花边、网纱和丝带的海洋航行着，没有触动一根羽毛，他急剧地旋转着他的舞伴，以致她那穿着薄薄的、透明长袜的纤柔脚踝露了出来，而把她的裙裾展成扇形，遮盖了克里温的两膝。科尔孙斯基鞠着躬，整了他的敞开的衬衣胸襟，就挽着她到安娜·阿尔卡季耶夫娜那里去。基蒂满脸涨红，把她的裙裾从克里温的膝上拉开，于是，微微有点晕眩地向周围望着，寻找安娜。安娜并不是穿的淡紫色衣服，如基蒂希望的，而是穿着黑色的、敞胸的天鹅绒衣裳，她那看去好像老象牙雕成的胸部和肩膀，和那长着细嫩小手的圆圆的臂膀全露在外面。衣裳上镶满威尼斯的花边。在她头上，在她那乌黑的头发——全是她自己的，没有搀一点儿假——中间，有一个小小的三色紫罗兰花环，在白色花边之间的黑缎带上也有着同样的花。她的发式并不惹人注目。引人注目的，只是常常披散在颈上和鬓边的她那小小的执拗的发鬈，那增添了她的妩媚。在她那美好的、结实的脖颈上围着一串珍珠。

基蒂每天看见安娜；她爱慕她，而且常想象她穿淡紫色衣服的模样，但是现在看见她穿着黑色衣裳，她才感觉到她从前并没有看出她的全部魅力。她现在用一种完全新的、使她感到意外的眼光看她。现在她才了解安娜可以不穿淡紫色衣服，她的魅力就在于她的人总是盖过服装，她的衣服在她身上决不会惹人注目。她那镶着华丽花边的黑色衣服在她身上就并不醒目；这不过是一个框架罢了，令人注目的是她本人——单纯、自然、优美、同时又快活又有生气。

她站着，像平常一样把身子挺得笔直，而当基蒂走进这一群的时候，她正在跟主人说话，她的头微微转向他。

"不，我不苛责，"她答复某个问题说，"虽然我还不大清楚那件事，"她继续说，耸了耸肩膀，就立刻浮上温柔的庇护的微笑转向基蒂。用急速的、女性的瞥视，她打量着基蒂的服装，把头点了一点——轻微到差不多看不见，但是基蒂却理会到了——对她的装饰和容貌表示赞许之意。"你跳到这房间里来了，"她补充说。

"这是我最忠实的助手，"科尔孙斯基说，向他以前还未见过面的安娜·阿尔卡季耶夫娜鞠躬。"公爵小姐使舞会生色不少呢。安娜·阿尔卡季耶夫娜，跳一场华尔兹舞吧。"他说，弯了弯腰。

"哦，你们认识吗？"他们的主人问。

安娜·卡列尼娜（节选）

"有什么人我们不认识呢?我妻子和我像白狼一样,人人都认识我们呢,"科尔孙斯基回答。"跳一场华尔兹舞吧,安娜·阿尔卡季耶夫娜?"

"如果可能不跳的话,我还是不跳吧,"她说。

"但是今晚是不可能的,"科尔孙斯基回答。

正在那一瞬间,弗龙斯基走上前来。

"哦,今晚既然不能不跳,那么我们就开始吧,"她说,不理睬弗龙斯基在向她鞠躬,她急速地把她的手搭在科尔孙斯基的肩上。

"她为什么不满意他呢?"基蒂想,看出了安娜是存心不向弗龙斯基回礼。弗龙斯基走到基蒂面前去,向她提起第一场卡德里尔舞的事,而且表示他这么久没有去看她,觉得很抱歉。基蒂一边赞赏地注视着安娜跳华尔兹,一边在听他的话。她期望他要求和她跳华尔兹,但是他竟没有这样做,她惊异地望着他。他微微红了脸,连忙请求和她跳华尔兹,但是他刚把手挽住她的腰,迈出第一步的时候,音乐就突然停止了。基蒂凝视着他那和她挨得那么近的脸,这没有得到他情意绵绵的凝视回应,在以后好久——好几年以后——还使她为了这场痛苦的羞辱而伤心。

"对不起,对不起!华尔兹,华尔兹!"科尔孙斯基从这房间的另一端叫着,抓住了他最先碰到的一位年轻小姐,就开始跳起舞来。

(选自《安娜·卡列尼娜》)

书吴道子画后

宋·苏 轼

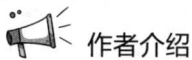 **作者介绍**

苏轼,北宋文学家、书画家。

代表作有《赤壁赋》《石钟山记》《饮湖上初晴后雨》《念奴娇·赤壁怀古》等。

知者创物,能者述焉,非一人而成也。君子之于学,百工之于技,自三代历汉至唐而备矣。故诗至于杜子美,文至于韩退之,书至于颜鲁公,画至于吴道子,而古今之变,天下之能事毕矣。道子画人物,如以灯取影,逆来顺往,旁见侧出,横斜平直,各相乘除,得自然之数,不差毫末,出新意于法度之中,寄妙理于豪放之外,所谓游刃余地,运斤成风,盖古今一人而已。

余于他画,或不能必其主名,至于道子,望而知其真伪也。然世罕有真者,如史全叔所藏,平生盖一二见而已。元丰八年十一月七日书。

(选自《苏轼及其作品选》)

竹

清·郑 燮

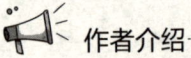 **作者介绍**

郑燮，清代著名画家、书法家。
著有《板桥全集》；代表画作为《兰竹图》。

　　江馆清秋，晨起看竹，烟光日影露气，皆浮动于疏枝密叶之间。胸中勃勃遂有画意。其实胸中之竹，并不是眼中之竹也。因而磨墨展纸，落笔倏作变相，手中之竹又不是胸中之竹也。总之，意在笔先者，定则也；趣在法外者，化机也。独画云乎哉！

（选自《郑板桥集》）

山林地

明·计 成

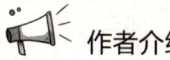 作者介绍

计成,中国明末造园家。著作有《园冶》。

园地惟山林最胜,有高有凹,有曲有深,有峻而悬,有平而坦。自成天然之趣,不烦人事之工。入奥疏源,就低凿水。搜土开其穴麓,培山接以房廊。杂树参天,楼阁碍云霞而出没;繁花覆地,亭台突池沼而参差。绝涧安其梁,飞岩假其栈。闲闲即景,寂寂探春。好鸟要朋,群麋偕侣。槛逗几番花信,门湾一带溪流。竹馆通幽,松寮隐僻。送涛声而郁郁,起鹤舞而翩翩。阶前自扫云,岭上谁锄月?千峦环翠,万壑流青。欲藉陶舆,何缘谢屐?

(选自《园冶》)

三国论

宋·苏 辙

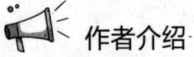 作者介绍

苏辙，北宋诗人、政治家、文学家。

代表作有《黄州快哉亭记》《上枢密韩太尉书》《巢谷传》等。

天下皆怯而独勇，则勇者胜；皆暗而独智，则智者胜。勇而遇勇，则勇者不足恃也。智而遇智，则智者不足用也。夫唯智勇之不足以定天下，是以天下之难，蜂起而难平。

盖尝闻之，古者英雄之君，其遇智勇也，以不智不勇，而后真智大勇，乃可得而见也。悲夫，世之英雄，其处于世，亦有幸不幸耶！汉高祖、唐太宗，是以智勇独过天下，而得之者也。曹公、孙、刘，是以智勇相遇，而失之者也。以智攻智，以勇击勇，此譬如两虎相摔，齿牙气力，无以相胜，其势足以相扰，而不足以相毙。当此之时，惜乎无有以汉高帝之事制之者也。昔者项籍，乘百战百胜之威，而执诸侯之柄，咄嗟叱咤，奋其暴怒，然西向以逆高祖。其势飘忽震荡，如风雨之至。天下之人，以为遂无汉矣。然高帝以其不智不勇之身，横塞其冲，徘徊而不得进。其顽钝椎鲁，足以为笑于天下，而卒能摧折项氏而待其死，此其故何也？夫人之勇力，用而不已，则必有所耗竭，而其智虑久而无成，则亦必有所倦怠而不举，彼欲用其所长，以制我于一时，而我闭门而拒之，使之失其所求，逡巡求去而不能去，而项籍固已惫矣。

今夫曹公、孙权、刘备，此三人者，皆知以其才自取，而未知以不才取人也。世之言者曰：孙不如曹，而刘不如孙。刘备惟智短而勇不足，故有所不若于二人者，而不知因其所不足以求胜，则亦已惑矣。盖刘备之才，近似于高祖，而不知所以用之之术。昔高祖之所以自用其才者，其道有三焉耳。先据势胜之地，以示天下之形，广收信、越出奇之将，以自辅其所不逮，有果锐刚猛之气而不用，以深折项籍猖狂之势。此三事者，三国之君，其才皆无有能行之者。独有一刘备，近之而未至，其中犹有翘然自喜之心，欲为椎鲁而不能钝，欲为果锐而不能达。二者交战于中，而未有所定，是故所为而不成，所欲而不遂。弃天下而入巴、蜀，则非地也。用诸葛孔明治国之才，而当纷纭征伐之冲，则非将也。不忍忿忿之心，犯其所短，而自将以攻人，则是其气不足尚也。嗟夫，方其奔走于二袁之间，困于吕布，而狼狈于荆州，百败而其志不折，不可谓无高祖之风矣，而终不知所以自用之方。夫古之英雄，惟汉高帝为不可及也夫。

（选自《苏洵、苏辙集》）